Rituales suaves para volver a ti

Agua, fuego y presencia para el cuidado del alma

Elvira Sombra

ISBN: 979-8-9956492-3-6

Título: Rituales suaves para volver a ti
Subtítulo: Agua, fuego y presencia para el cuidado del alma
Autora: Elvira Sombra

Este libro ofrece contenido reflexivo orientado al autocuidado y bienestar emocional. No sustituye atención médica, psicológica, psiquiátrica ni terapéutica profesional.

El uso de velas, hierbas, aceites y otros elementos mencionados en esta obra debe realizarse con precaución y responsabilidad. Suspenda cualquier práctica si produce malestar o reacción adversa.

Algunos nombres, situaciones e historias han sido modificados para proteger la privacidad de las personas involucradas.

Primera edición publicada en 2026.
Impreso en los Estados Unidos de América.

Dedicatoria

A mi hermana, a quien llamo cariñosamente mi
brujita verde, por sus cuadernos, sus notas, su amor
por las plantas y su forma intuitiva de cuidar lo sutil.

Gracias por compartir tu sensibilidad y tu sabiduría
sencilla. Este libro floreció porque primero lo vi
germinar en ti.

Prefacio

Este no es un libro de fórmulas mágicas.
No es un manual de resultados inmediatos.
No es una promesa de transformación automática.

Es un libro de pausas conscientes.

Vivimos en una época donde todo se acelera: las
decisiones, las respuestas, las relaciones, incluso los
procesos de sanación.

Se nos pide estar bien rápido, superar rápido, perdonar
rápido, producir rápido. Pero el alma no tiene esa
velocidad. El cuerpo no procesa a ese ritmo. El corazón
no sana por presión.

Los rituales nacen precisamente como respuesta a eso:
a la necesidad humana de detenerse, marcar un
momento, crear un acto con significado.

Un ritual no es superstición cuando se vive con
conciencia.

Es lenguaje simbólico.
Es psicología encarnada.
Es espiritualidad práctica.
Es presencia aplicada.

Durante siglos, las personas han usado agua, fuego, aromas, plantas, palabra y silencio para acompañar procesos internos: duelos, comienzos, cierres, compromisos, celebraciones, despedidas.

No porque los elementos tengan poder por sí solos, sino porque ayudan a la mente y al sistema emocional a comprender lo que está ocurriendo.

El símbolo ordena lo que la emoción desborda.

Parte de la inspiración sensible de este libro también nace de observar de cerca a mi hermana — a quien en casa llamamos mi brujita verde — por su relación intuitiva y respetuosa con las plantas, los rituales naturales y el cuidado simbólico. Ver su forma de registrar, practicar y honrar estos gestos me recordó que el ritual no es espectáculo — es presencia.

Este libro nace de esa comprensión: necesitamos gestos que sostengan lo que sentimos.

Necesitamos actos pequeños que digan "esto importa". Necesitamos espacios donde el cuidado propio no sea un concepto abstracto, sino una acción concreta.

Aquí no encontrarás exigencia espiritual.
No encontrarás reglas rígidas.
No encontrarás castigos energéticos ni advertencias
basadas en miedo.

Encontrarás propuestas.

Cada ritual es una invitación, no una obligación.
Puedes adaptar ingredientes, tiempos y palabras.
Puedes simplificar o profundizar. Puedes leer sin
practicar o practicar sin leer todo. Este libro no se
impone — acompaña.

No necesitas pertenecer a una tradición específica.
No necesitas "creer" en algo externo.
Solo necesitas darte permiso de estar contigo con
intención.

Si alguna vez has sentido que tu alma necesitaba un
gesto — no una explicación — este libro es para ti.

No para cambiar quién eres.
Sino para sostener quién ya eres mientras atraviesas
tus procesos.

Introducción

El amor propio suele presentarse como algo luminoso:
flores, afirmaciones, baños dulces, palabras bonitas
frente al espejo. Y sí — todo eso puede ser parte del
camino.

Pero no es el inicio.

El amor propio verdadero empieza en lo honesto, no en
lo decorativo.

Empieza cuando reconoces cansancio.
Cuando nombras tristeza.
Cuando aceptas enojo.
Cuando dices "esto me dolió".
Cuando decides limpiar lo que pesa antes de invitar lo
que florece.

Por eso este libro no comienza con rituales de atracción
ni de magnetismo. Comienza con limpieza, descarga y
liberación.

Porque no se puede llenar un espacio que aún está
saturado. No se puede sembrar en tierra endurecida.
No se puede recibir dulzura sin antes abrir espacio
interno.

Cuando aquí hablamos de "limpieza energética", no
hablamos de algo místico inalcanzable. Hablamos de
procesos emocionales reales: soltar cargas, cerrar ciclos,
marcar límites, recuperar energía psíquica, permitir
que el cuerpo termine respuestas que quedaron
abiertas.

El sistema nervioso necesita cierres.
La emoción necesita expresión.
La memoria necesita símbolo.

Ahí entra el ritual consciente.

Un baño preparado con intención no es solo agua con
hierbas. Es una pausa declarada. Es una señal interna
de transición. Es una conversación corporal donde
dices: "me estoy atendiendo". El cuerpo entiende esos
mensajes mejor de lo que pensamos.

Encender una vela no cambia el destino externo. Pero
puede enfocar la atención interna. Y cuando la atención
se ordena, las decisiones también se vuelven más
claras.

Escribir palabras y luego quemarlas no borra la
experiencia — pero puede ayudar a integrar su cierre.
El acto físico le da al cerebro una señal de conclusión.

Los rituales funcionan porque involucran al cuerpo, a
los sentidos y a la emoción al mismo tiempo.

Este libro no sustituye terapia, acompañamiento psicológico ni atención médica. No pretende reemplazar procesos clínicos. Los rituales aquí propuestos son complemento simbólico, sostén emocional y práctica de presencia.

Puedes usarlos como quien prepara un té para el alma:
sin perfección
sin presión
sin rendimiento
sin obligación

No necesitas hacerlo "correcto".
Necesitas hacerlo consciente.

Este no es un libro para ejecutar.
Es un libro para habitar.

Léelo despacio.
Subráyalo.
Vuelve a capítulos.
Deja otros para después.
Haz pausas entre rituales.

No estás completando tareas.
Estás creando relación contigo.
Y esa relación — sostenida en actos pequeños y repetidos — es una de las formas más reales de amor propio.

Tabla de Contenido

Capítulo 3 — Rituales de sostén y nutrición emocional

Nutrir después de liberar
Ritual — Baño tibio de calma
Bloque — Descansar sin culpa
Ritual — Baño de auto-sostén
Ritual — Vapor de consuelo
Bloque — Aprender a recibir cuidado
Ritual — Baño de leche y miel simbólica
Bloque — Merecimiento sin rendimiento
Cierre del capítulo

Capítulo 4 — Rituales de amor propio y presencia corporal

La fase de florecer
Ritual — Baño de Afrodita (viernes — energía Venus)
Bloque — Sensualidad no es exhibición
Ritual — Baño de flores de merecimiento
Bloque — Belleza sin comparación
Ritual — Baño de canela y miel
Bloque — Placer sin culpa
Ritual — Ritual de espejo y palabra amorosa
Bloque — Hablarte bonito es disciplina
Cierre del capítulo

Este libro no necesita leerse con prisa ni en orden rígido. Aunque está organizado por etapas — limpiar, cortar, sostener, nutrir, afirmar e integrar — puedes entrar por el ritual que más resuene con tu momento actual.

Cada práctica está diseñada como una invitación, no como una obligación. Si un ingrediente no está disponible, puedes sustituirlo. Si un paso no se adapta a ti, puedes simplificarlo.

La intención consciente tiene más peso que la perfección del detalle.

No necesitas realizar todos los rituales. No necesitas repetirlos de forma exacta. Puedes elegir uno y trabajarlo con presencia. Puedes volver a él semanas después.

Puedes leer sin practicar o practicar sin leer todo. El libro acompaña — no exige.

Escucha tu cuerpo y tu estado emocional antes de elegir una práctica. Si estás sobrecargada, elige rituales suaves.

Si estás cerrando ciclo, elige rituales de limpieza o corte. Si estás recuperando energía, elige sostén. Si estás en apertura, elige dulzura y amor propio.

Respeta siempre tus límites físicos. Los rituales con agua, vapor o fuego deben realizarse con cuidado y sentido común.

Evita cualquier práctica que resulte incómoda para tu salud o condición corporal.

Este libro no sustituye atención médica ni acompañamiento terapéutico cuando es necesario — funciona como práctica simbólica de presencia y regulación.

Puedes escribir, adaptar palabras, crear tus propias variaciones. De hecho, cuando un ritual se vuelve personal, se vuelve más efectivo como acto de conciencia.

No busques resultados inmediatos. Busca relación contigo.

Usa este libro como quien usa una pausa: con respeto, con suavidad y sin presión de desempeño.

Y como en todo proceso consciente, antes de invitar lo nuevo, primero despejamos lo que pesa.

Capítulo 1

Rituales de limpieza y descarga

Antes de invitar lo dulce, limpiamos.
Antes de encender lo nuevo, despejamos.
Antes de atraer, soltamos.

La limpieza no es castigo.
Es cuidado.

Muchas veces intentamos atraer amor, claridad, paz o merecimiento sin darnos cuenta de que seguimos emocionalmente cargadas: de conversaciones no cerradas, duelos no nombrados, vínculos que drenaron, culpas repetidas, cansancio acumulado, silencios sostenidos demasiado tiempo.

No es que algo esté mal contigo.
Es que tu sistema no ha tenido espacio suficiente para descargar.

Vivimos aprendiendo a sostener, a aguantar, a continuar.

Pocas veces se nos enseña a liberar de forma consciente. Nos enseñan a ser fuertes, pero no a vaciarnos. A seguir, pero no a cerrar. A funcionar, pero no a procesar.

La limpieza ritual existe precisamente para devolver
ese espacio.

No busca borrar el pasado. No intenta negar la
experiencia. No fuerza el perdón.

Busca ayudar al cuerpo y a la emoción a terminar
procesos abiertos.

El alma también necesita higiene.

Así como el cuerpo suda, llora, elimina y descansa, el
mundo emocional también requiere momentos de
descarga consciente.

Cuando esos momentos no existen, la energía se
convierte en peso interno: irritabilidad sin causa clara,
agotamiento que no mejora con dormir, dificultad para
enfocarse, sensación de estar saturada, necesidad de
distancia sin saber de qué.

A veces no es tristeza.
Es acumulación.
A veces no es crisis.
Es sobrecarga.

Los rituales de limpieza no son dramáticos ni
extremos.

Son pausas suaves pero intencionales que le
comunican al sistema nervioso que es seguro bajar la
guardia.

Que no todo debe sostenerse. Que no todo debe
quedarse dentro.

Un acto simbólico tiene poder psicológico porque involucra al cuerpo.

Cuando el cuerpo participa, la experiencia deja de ser solo mental.

El agua tocando la piel, el aroma de las plantas, el calor del vapor, la luz de una vela — todos son lenguajes sensoriales que ayudan a marcar transición interna.

El cuerpo entiende el símbolo cuando la mente aún duda.

Por eso en este capítulo trabajaremos principalmente con agua, hierbas de perfil amargo, sal, vapor, respiración y fuego consciente.

No porque tengan poder mágico automático, sino porque ayudan a enfocar la intención y a darle forma física al proceso de soltar.

Un baño de limpieza no cambia tu vida en un instante — pero puede marcar el momento en que decides atenderte.

Y esa decisión, repetida, transforma procesos completos con el tiempo.

Es importante nombrarlo con honestidad: limpiar no siempre se siente ligero al principio.

A veces remover trae emoción. A veces soltar cansa. A veces descargar abre lágrimas que estaban contenidas. Nada de eso significa que el ritual "salió mal". Significa que tocó verdad.

No te apresures. No te fuerces.
No conviertas el ritual en exigencia.

Esto no es rendimiento espiritual. Es cuidado íntimo.

Si un día no tienes energía para preparar ingredientes, una ducha consciente también es ritual.

Si no puedes encender fuego, la respiración es ritual. Si no puedes hablar en voz alta, escribir también es ritual. Si solo puedes sentarte en silencio con la mano en el pecho, eso también cuenta.

La intención sostiene la forma — no al revés.

En las siguientes páginas encontrarás baños de descarga, limpiezas suaves, velas de liberación y actos simbólicos de cierre.

Úsalos cuando sientas peso, confusión, saturación, cierre de etapa o necesidad de comenzar de nuevo.

No necesitas estar "mal" para limpiar. Necesitas estar dispuesta a cuidarte.

Comenzamos.

Ritual 1
Baño de hierbas amargas para descarga y limpieza emocional

Intención del ritual
Este baño acompaña procesos de descarga emocional y limpieza simbólica. Se utiliza cuando sientes peso interno, saturación, confusión o cansancio que no es solo físico. No busca "borrar" experiencias, sino ayudarte a soltar lo que tu cuerpo y tu emoción ya no necesitan sostener.

Es un gesto de cuidado, no de corrección.
No te limpia porque estés mal — te acompaña porque te estás atendiendo.

Cuándo realizarlo

Puedes elegir este ritual cuando:

- sientes sobrecarga emocional
- atraviesas cierre de ciclo
- después de una discusión intensa
- tras contacto con ambientes o dinámicas que te drenaron
- cuando notas irritabilidad acumulada
- al terminar una etapa importante
- cuando necesitas empezar de nuevo internamente

No se recomienda hacerlo desde prisa o miedo. Hazlo desde decisión consciente.

Hierbas sugeridas (elige 2–4, no es necesario usar todas)

Hierbas de perfil amargo o neutro suave, tradicionalmente asociadas a limpieza simbólica:

- ruda
- romero
- albahaca
- laurel
- salvia
- hojas de limón
- cáscara de limón
- manzanilla (si necesitas suavizar la mezcla)

Si no tienes hierbas frescas, puedes usar secas.
Si no tienes ninguna, usa solo agua y sal — la intención sigue sosteniendo el ritual.

Elementos adicionales

- 1 puñado de sal (marina o de grano)
- agua
- recipiente para hervir
- vela blanca (opcional)
- toalla limpia
- ropa cómoda clara (opcional)

Coloca el agua a hervir.
Cuando comience a calentarse, agrega las hierbas elegidas con atención. No es necesario medir con exactitud; basta con un puñado consciente de cada una.

Mientras el agua infusiona, baja el fuego y permite que repose de 7 a 12 minutos. Observa el vapor. Respira su aroma sin forzarte. Este momento ya es parte del ritual.

Si decides usar vela, enciéndela ahora y declara en voz baja o interna: "Preparo esta agua como acto de cuidado. No para castigar mi historia, sino para sostener mi proceso."

Deja que la infusión enfríe hasta estar tibia. Cuela si lo deseas.

Cómo realizar el baño

Este baño es de enjuague final — no sustituye tu higiene normal. Toma primero tu ducha habitual. Limpia tu cuerpo con normalidad.
Respira lento.

Al final, vierte la infusión desde los hombros hacia abajo, lentamente. No sobre la cabeza. Deja que el agua recorra tu cuerpo con pausa.

Mientras lo haces, repite — en voz alta o interna —
alguna de estas frases o crea la tuya:
"Suelto lo que pesa."
"Devuelvo lo que no es mío cargar."
"Cierro lo que ya terminó."
"Mi cuerpo no es depósito de tensión."
"Me permito descargar."
No necesitas dramatizar. Solo estar presente.

Tiempo de integración

Permanece unos momentos sin secarte de inmediato.
Deja que el cuerpo absorba la temperatura y el aroma.
Respira con una mano en el pecho o en el abdomen.

Luego sécate suavemente, sin fricción fuerte — como
gesto de respeto corporal.

Cierre del ritual

Apaga la vela (si usaste) sin soplar — con los dedos
húmedos o un apagavelas — como gesto simbólico de
cierre consciente.

Desecha las hierbas usadas en la basura orgánica o
devuélvelas a la tierra si es posible. No es obligatorio
— es simbólico.

Di en voz baja:

"Lo que necesitaba soltar, comienza a soltarse.
Lo que necesito conservar, permanece."

Después del ritual

- evita conversaciones tensas inmediatas
- toma agua
- descansa si es posible
- escribe si surge emoción
- no evalúes el "resultado" — observa el estado

A veces la limpieza se siente ligera.
A veces silenciosa.
A veces emocional.
Todas son válidas.

Nota consciente

Este ritual no sustituye apoyo terapéutico ni
tratamiento profesional.

Si estás atravesando procesos emocionales intensos,
busca acompañamiento adecuado. El ritual es sostén
simbólico, no reemplazo clínico.

Un gesto simple hecho con presencia
puede abrir espacio real adentro.

Ritual 2 Ducha de sal y romero para descargar tensión acumulada

Intención del ritual

Esta ducha ritual está pensada para momentos de saturación diaria: estrés acumulado, contacto con ambientes tensos, exceso de interacción, días emocionalmente densos.

Es una limpieza breve pero profundamente reguladora.

No requiere preparación compleja.
Es un ritual de acceso inmediato.
Ideal cuando necesitas descargar sin esperar.

La sal simboliza purificación y límite.
El romero simboliza claridad y recuperación de energía.

Cuándo realizarlo

- después de un día emocionalmente pesado
- al regresar de lugares con mucha carga interpersonal
- después de discusiones
- cuando te sientes drenada
- al terminar jornadas exigentes
- cuando necesitas "cerrar el día" corporalmente

Puede realizarse de noche con excelentes resultados de descanso.

Elementos

- 1–2 cucharadas de sal (marina o de grano)
- romero (fresco o seco)
- agua caliente de ducha
- recipiente pequeño

Preparación

Coloca el romero en el recipiente y añade agua caliente
para activarlo. Déjalo reposar mientras te duchas
normalmente.

Toma primero tu ducha habitual con calma. Lava tu
cuerpo como lo haces siempre. Este paso no se omite —
el ritual se realiza al final.

Cuando termines, agrega la sal a la infusión de romero
y mezcla con la mano diciendo:

"Preparo esta agua para descargar tensión,
no para exigirme pureza."

Aplicación

Reduce un poco la temperatura del agua de la ducha.

Vierte lentamente la mezcla desde la nuca y hombros
hacia abajo. No sobre el rostro. Permite que recorra
espalda, pecho y brazos.

Mientras lo haces, repite:

"Lo que no necesito sostener, se libera."
"Mi cuerpo no es depósito de carga."
"Cierro este día dentro de mí."

Respira profundo tres veces.

Integración corporal

Coloca ambas manos sobre el pecho durante unos segundos bajo el agua. Siente el calor. No pienses — percibe.

Deja que el agua siga corriendo un momento más sin hacer nada.

Cierre

Cierra la ducha conscientemente — no de forma automática. Haz una pausa de dos segundos antes de salir.

Sécate con movimientos lentos, sin fricción agresiva. El gesto también comunica cuidado.

Variaciones

Si no tienes romero:
- usa solo sal
- o cáscara de limón
- o unas gotas de vinagre de manzana diluido

Si no tienes nada:
usa solo agua + palabra consciente. Sigue siendo ritual.

Después del ritual

- evita revisar noticias o redes inmediatamente
- toma agua
- si es de noche, reduce luces
- permite transición

Nota consciente

Este ritual es de descarga, no de castigo.
No se realiza desde culpa — se realiza desde cuidado.

La limpieza cotidiana también es amor propio
cuando se hace con presencia.

Limpiar no es castigarte

Existe una confusión silenciosa alrededor de la limpieza interior. Muchas personas, sin notarlo, convierten la idea de "limpiarse" en una forma de corregirse, exigirse o incluso castigarse.

Como si necesitar descargar significara que hicieron algo mal. Como si soltar fuera sinónimo de culpa.

No lo es.

La limpieza consciente no nace de la vergüenza — nace del cuidado.

Te bañas no porque tu cuerpo sea incorrecto, sino porque merece atención. Descansas no porque seas débil, sino porque eres humana.

De la misma forma, descargas emocionalmente no porque estés rota, sino porque estás viva y en proceso.

El problema aparece cuando la limpieza se vuelve auto-juicio:
"Necesito limpiarme porque absorbí demasiado."
"Debí protegerme mejor."
"No debería sentir esto."

Ese lenguaje interno endurece el gesto que debería suavizarte.

Los rituales de descarga no son penitencias. No son actos de reparación moral. Son pausas de regulación. Son espacios donde el cuerpo recibe permiso de aflojar.

Limpiar no es borrar quién eres. Es retirar lo que no necesitas seguir sosteniendo.

Tampoco es negar la experiencia. No estás diciendo "no pasó". Estás diciendo "pasó — y ahora puedo procesarlo". Hay una gran diferencia entre reprimir y descargar.

Reprimir empuja hacia adentro con fuerza. Descargar permite salir con conciencia.

Cuando realizas un ritual de limpieza desde la autoexigencia, el sistema se contrae. Cuando lo haces desde el cuidado, el sistema se regula.

Por eso la intención importa más que el ingrediente. Puedes usar las hierbas correctas, la sal correcta y el procedimiento exacto — pero si te hablas con dureza durante el ritual, el cuerpo no recibe descanso real.

Prueba cambiar el lenguaje interno:
En lugar de: "Necesito limpiarme de esto."
Prueba: "Voy a cuidarme después de esto."

La limpieza consciente es una forma de ternura aplicada. No te quita valor. No te corrige. No te reduce. Te acompaña.

Y acompañarte — con gestos pequeños y repetidos — es una de las formas más honestas de amor propio.

Ritual 3
Lavado ritual de manos para cierre y liberación puntual

Intención del ritual

Este es un ritual breve de agua y hierbas amargas para momentos específicos de cierre: después de una conversación difícil, una noticia que movió emociones, un encuentro tenso o una decisión importante.

Se enfoca en las manos porque simbólicamente representan acción, contacto y entrega.

Lavar las manos con intención no es evasión — es señal de término.
Es decirle al cuerpo: esto ya pasó por mí; no necesito seguir cargándolo.

Es un ritual corto, accesible y profundamente efectivo cuando se realiza con presencia.

Cuándo realizarlo

- después de una discusión
- tras una llamada emocionalmente intensa
- al terminar trámites o asuntos pesados
- después de contacto con personas que te drenaron
- cuando sientes que "te quedó algo encima"
- al cerrar una jornada emocional

Puede hacerse en cualquier lavabo. No requiere baño completo.

Elementos

- agua tibia
- sal fina o de grano
- una hierba amarga suave (romero, ruda o laurel)
- jabón neutro (opcional)
- toalla limpia

Preparación

Coloca la hierba en un recipiente y añade un poco de agua caliente. Déjala reposar 3–5 minutos para activar aroma y esencia.

Agrega una pizca de sal al agua y mezcla con los dedos.

Antes de comenzar, mira tus manos unos segundos y reconoce: "Con estas manos sostengo, doy y hago. También puedo soltar."

Aplicación

Abre el grifo y deja correr el agua tibia.

Vierte primero un poco de la infusión sobre tus manos. Luego lávalas lentamente, masajeando palma, dorso y entre los dedos. Hazlo más despacio de lo habitual.

Si usas jabón, aplícalo con movimientos conscientes — no mecánicos.

Mientras lavas, repite:
"Cierro este momento."
"No lo arrastro conmigo."
"Termina aquí en mis manos."

Imagina que la tensión se disuelve con el agua.

Respiración de descarga

Con las manos aún bajo el agua, exhala largo por la boca una vez.
No forzado — solo completo.

El cuerpo entiende la exhalación larga como señal de liberación.

Cierre

Cierra el grifo con suavidad — no de golpe.

Sécate con toalla limpia presionando, no frotando fuerte. El gesto comunica respeto corporal.

Mira nuevamente tus manos y di:

"Quedan libres para lo siguiente."

Variaciones

Si no tienes hierbas:
- usa solo sal
- o unas gotas de limón
- o solo agua + palabra consciente

Si estás fuera de casa:
puedes hacerlo solo con agua y respiración — sigue siendo ritual.

Después del ritual

- no retomes la discusión mentalmente
- cambia de actividad
- da unos pasos
- mueve hombros y cuello

El cierre simbólico necesita cierre conductual.

Nota consciente

Los rituales breves repetidos sostienen más que los
grandes esporádicos.
La limpieza pequeña también cuenta.

A veces no necesitas un baño completo —
necesitas un gesto claro de término.

Ritual 4
Baño de pies con hierbas amargas para descarga profunda

Intención del ritual

Este ritual de limpieza se realiza a través de los pies —
el punto de contacto con la tierra y el sostén del cuerpo.

Es especialmente útil cuando hay sensación de
agotamiento, "pesadez" emocional o saturación mental
persistente.

Trabajar con los pies en ritual simbólico representa
descarga, aterrizaje y devolución de cargas.

Es una práctica suave, accesible y muy reguladora para
el sistema nervioso.

No necesitas estar en crisis para hacerlo.
Puedes usarlo como mantenimiento emocional.

Cuándo realizarlo

- cuando te sientes drenada sin causa clara
- después de días muy exigentes
- tras contacto con muchas personas
- cuando hay inquietud corporal
- antes de dormir
- al cerrar semana o etapa
- cuando necesitas "aterrizar"

Ideal en la noche.

Elementos

- recipiente amplio para los pies
- agua caliente (tibia a caliente tolerable)
- 2–3 hierbas amargas (romero, ruda, laurel, salvia)
- 1 puñado de sal gruesa
- toalla
- manta ligera (opcional)

Preparación

Hierve agua y agrega las hierbas elegidas. Deja infusionar 8–10 minutos. Cuela si lo deseas y vierte en el recipiente. Ajusta temperatura para que sea segura y confortable.

Añade la sal y mezcla con la mano diciendo: "Preparo esta agua para descargar,
no para exigirme."

Siéntate cómodamente. Descubre tus pies sin prisa.

Aplicación

Introduce los pies lentamente en el agua.
No hables durante el primer minuto. Solo respira.

Permite que el calor suba por piernas y abdomen. El cuerpo responde al calor en pies con relajación global.

Después del primer minuto, di en voz baja o interna:
"Devuelvo el peso que no es mío."
"Descargo lo acumulado."
"No camino cargando lo viejo."

Puedes masajear suavemente plantas y dedos.

Tiempo de ritual

Permanece de 10 a 20 minutos.

Si el agua enfría, está bien — no necesitas recalentar. El proceso ya ocurrió.

Coloca una manta sobre tus hombros si lo deseas. El cuerpo entra en estado de reposo cuando los pies están calientes.

Integración

Cierra los ojos un momento y pregúntate: "¿Qué necesito dejar hoy?"

No busques respuesta intelectual — deja que surja sensación o imagen.

Cierre

Retira los pies lentamente.
Sécalos presionando con la toalla, no frotando fuerte.

Antes de ponerte de pie, coloca ambas plantas en el suelo y di:

"Estoy aquí. Estoy sostenida. Estoy presente."

Variaciones

Si no tienes hierbas:
- usa solo sal
- o cáscara de limón
- o vinagre de manzana diluido

Si estás fuera de casa: remoja pies en agua tibia sola — sigue siendo ritual.

Después del ritual

- evita pantallas intensas inmediatas
- bebe agua tibia
- idealmente duerme después
- no retomes tareas exigentes

Nota consciente

La descarga también puede ser gradual.
No siempre se siente como "ligereza inmediata".
A veces se siente como calma silenciosa.

Quien aprende a descargar,
no necesita romperse para descansar.

Señales de sobrecarga emocional que el cuerpo sí muestra

No toda sobrecarga emocional se presenta como tristeza evidente o crisis abierta. Muchas veces el cuerpo habla primero — en señales pequeñas, repetidas, fáciles de ignorar. Aprender a reconocerlas es una forma profunda de autocuidado.

El cuerpo rara vez grita al inicio. Primero susurra.

La sobrecarga no siempre significa que ocurrió algo grave. A veces significa que ocurrió demasiado — demasiadas decisiones, demasiadas demandas, demasiada atención hacia afuera y muy poca hacia adentro.

Una de las razones por las que los rituales de limpieza consciente ayudan es porque interrumpen la acumulación. Pero para llegar a tiempo, necesitas reconocer las señales.

Algunas manifestaciones comunes de saturación emocional son:

Cansancio que no mejora con dormir.
Irritabilidad sin causa proporcional.
Dificultad para concentrarte.
Sensación de prisa interna constante.
Tensión en mandíbula, cuello o hombros.
Necesidad de aislarte sin saber explicar por qué.
Hipersensibilidad a ruidos o demandas pequeñas.

Nada de esto significa debilidad.
Significa carga.

También puede aparecer una señal menos reconocida: la desconexión. No sentir mucho. No reaccionar. No entusiasmarte. No enojarte. Solo funcionar. Esa neutralidad prolongada a veces no es paz — es saturación que apagó la respuesta.

El cuerpo tiene formas sabias de pedir pausa. El problema es que culturalmente aprendimos a ignorarlas y seguir produciendo, resolviendo, atendiendo.

Un ritual de limpieza no se hace solo cuando "todo explotó". Se hace también cuando notas estas señales tempranas. De hecho, ahí es donde más ayuda.

No necesitas justificar tu cuidado con un colapso. Puedes cuidarte por prevención consciente.

Pregúntate con honestidad suave:
¿Estoy cansada o estoy cargada?
¿Necesito dormir o necesito descargar?
¿Necesito silencio o necesito soltar emoción?

No siempre la respuesta será la misma. Por eso este capítulo ofrece distintos tipos de rituales de limpieza: algunos calman, otros descargan, otros cierran.

Escuchar las señales corporales no te vuelve frágil — te vuelve precisa.

Quien aprende a notar su saturación a tiempo no necesita romperse para detenerse.

El lenguaje simbólico de las hierbas amargas

En los rituales de limpieza que has leído en este capítulo aparece un patrón: muchas de las plantas sugeridas comparten un perfil aromático intenso o un sabor naturalmente amargo.

Esto no es casualidad ni superstición rígida — es lenguaje simbólico y sensorial.

Lo amargo, en muchas tradiciones, representa depuración.

En el cuerpo físico, los sabores amargos estimulan procesos de activación y eliminación.

En el lenguaje simbólico, lo amargo no es castigo — es claridad. Es lo que despierta, lo que corta la inercia, lo que interrumpe la acumulación.

Por eso, en prácticas de limpieza consciente, las hierbas amargas se utilizan como gesto simbólico de descarga y límite.

No porque "saquen" algo invisible de manera mágica, sino porque ayudan a la mente y al cuerpo a entrar en modo de liberación.

El aroma también participa. El sistema nervioso
responde directamente al olor. Ciertos perfiles
aromáticos — frescos, verdes, penetrantes — generan
sensación de despeje, enfoque y renovación.

Cuando los usas con intención, el cuerpo recibe la señal
de transición.

El ingrediente no hace el ritual por sí solo.
Pero sí le da lenguaje sensorial.

Es importante recordar: en este libro ninguna planta es
obligatoria. No trabajamos desde fórmulas rígidas, sino
desde significado y presencia. Si no tienes una hierba
específica, puedes sustituirla o incluso omitirla.

La intención sostiene la práctica.

Aun así, conocer el simbolismo ayuda a elegir con más
conciencia.

A continuación, encontrarás el significado ritual suave
de las hierbas más utilizadas en limpiezas simbólicas.

Romero — claridad y recuperación

El romero tiene un aroma penetrante y limpio.
Simbólicamente se asocia con claridad mental, enfoque
y recuperación de energía personal. Se utiliza cuando
hay confusión, cansancio psíquico o sensación de
dispersión.

En ritual, el romero no "protege" — despierta.
Es útil en descargas después de días exigentes o
intercambios intensos.

Laurel — cierre y transición

El laurel se ha vinculado históricamente con
culminación y logro, pero también con cierre de etapas.
En limpieza simbólica representa marcar final,
completar ciclo y soltar proceso terminado.

Es especialmente apropiado en baños de cierre y
rituales de término.

El laurel no empuja — concluye.

Salvia — despeje y renovación

La salvia posee un aroma seco y definido. En muchas
culturas se ha usado en contextos de purificación
ambiental. En este libro la entendemos como símbolo
de renovación y aire interno.

Se utiliza cuando hay sensación de "ambiente cargado"
emocionalmente o necesidad de comenzar de nuevo.

No borra — ventila.

Ruda — límite y corte suave

La ruda tiene un perfil fuerte y tradicionalmente se asocia con límite y separación simbólica. En ritual consciente representa marcar borde emocional y cortar exceso de influencia externa.

Debe usarse en pequeñas cantidades y con respeto sensorial.

La ruda no agrede — delimita.

Albahaca — equilibrio y orden

Aunque más suave, la albahaca también puede participar en limpiezas cuando se busca orden emocional y armonización. Su aroma redondea mezclas muy intensas y aporta sensación de equilibrio.

No descarga — organiza.

La sal — estructura y límite

La sal no es hierba, pero es uno de los elementos más importantes en limpieza simbólica. Representa estructura, límite y neutralización. En agua, comunica cierre de intercambio y retorno a centro.

La sal no transforma — estabiliza.

Sobre sustituciones

Si no tienes las plantas exactas:

Puedes usar lo disponible.
Puedes usar una sola.
Puedes usar ninguna.

Agua + intención + gesto consciente sigue siendo
ritual.

No conviertas el ingrediente en requisito.
El ritual no es una receta — es una relación contigo.

Las plantas no hacen magia por ti.
Te ayudan a hacer presencia contigo.

Y la presencia sostenida —
eso sí transforma procesos internos.

Ritual 5
Baño de vapor herbal de descarga y apertura emocional

Intención del ritual

El vapor herbal es una forma de limpieza simbólica a través del calor, la respiración y la piel.

Este ritual acompaña momentos de acumulación emocional, llanto contenido o sensación de presión interna. El vapor ayuda a relajar el cuerpo y abrir espacio de liberación suave.

No es un acto invasivo.
No es procedimiento médico.
Es un gesto de presencia sensorial y descarga simbólica.

El vapor representa transición: agua que se eleva, emoción que se mueve.

Cuándo realizarlo

- cuando sientes emoción contenida
- antes o después de llorar
- cuando hay presión en el pecho
- en etapas de duelo
- después de días muy cargados
- cuando necesitas "aflojar por dentro"

No realizar si tienes fiebre o dificultad respiratoria activa.

Elementos

- recipiente resistente al calor
- agua recién hervida
- 2–3 hierbas amargas (romero, salvia, laurel, ruda —
poca cantidad)
- toalla grande
- silla o mesa estable
- pañuelos (opcional)

Preparación

Coloca las hierbas en el recipiente. Vierte el agua
hirviendo encima. Espera 30–60 segundos para que el
vapor inicial intenso baje a nivel tolerable.

Siéntate frente al recipiente. Coloca la toalla sobre tu
cabeza y hombros creando una "tienda" de vapor.

Antes de inclinarte, declara:
"Me permito ablandar lo que está rígido dentro de mí."

Aplicación

Inclina el rostro a distancia segura — el vapor debe
sentirse cálido, no quemar.

Respira lento por la nariz y suelta por la boca.

No fuerces respiraciones profundas — deja que el
cuerpo marque ritmo.

Permanece de 3 a 7 minutos.
Si necesitas salir antes, sal — el ritual no exige
resistencia.

Palabras de acompañamiento

Puedes repetir suavemente:

"Lo que estaba contenido, puede moverse."
"No me obligo a ser fuerte ahora."
"Puedo soltar sin romperme."

Si surge emoción, permite. No la analices durante el ritual.

Integración

Retira la toalla lentamente.
Cierra los ojos un momento con las manos sobre el pecho.

El vapor abre — el silencio integra.

Cierre

Desecha el agua cuando enfríe.
Lava el recipiente — gesto simbólico de cierre.

Bebe agua después para hidratar.

Variaciones

Si no tienes hierbas:
usa solo agua caliente + respiración consciente.

Si no toleras vapor facial:
coloca el recipiente cerca y respira el ambiente — más suave, igual válido.

Nota de seguridad

Mantén siempre distancia segura del agua caliente.
No realizar en niños.
No usar aceites esenciales directos en agua hirviendo.

El vapor no te limpia por fuera —
te invita a abrir por dentro.

Limpiar no es reprimir: cómo distinguir la descarga real del silencio forzado

Existe una diferencia profunda — aunque a veces sutil — entre limpiar una emoción y reprimirla.

Desde fuera pueden parecer similares: en ambos casos dejas de mostrar lo que sientes. Pero por dentro, el efecto es completamente distinto.

Reprimir es empujar hacia adentro con tensión.
Limpiar es permitir salida con conciencia.

La represión nace del miedo o de la exigencia interna: "no debería sentir esto", "no es correcto", "tengo que controlarme", "no es momento".

Entonces la emoción no desaparece — solo pierde expresión externa y se queda activa en el cuerpo.

Por eso la represión cansa.
Sostener emoción congelada consume energía.

La limpieza consciente, en cambio, reconoce la emoción y le da un canal de salida regulado: agua, respiración, calor, palabra, gesto simbólico. No niega lo que ocurre — lo procesa.

Reprimir contrae.
Limpiar regula.

Puedes notar la diferencia observando el cuerpo después.

Después de reprimir, suele aparecer:
tensión en pecho o garganta,
pensamiento repetitivo,
irritabilidad desplazada,
cansancio extraño,
sensación de "seguir cargando".

Después de limpiar, aunque aún haya tristeza o
cansancio, aparece algo distinto:
más espacio interno,
respiración más amplia,
menos presión,
sensación de haber soltado algo real.

La limpieza no siempre trae alivio inmediato — pero sí
trae movimiento. La represión trae quietud rígida.

Otra diferencia importante es la actitud interna.
La represión se dice: "no sientas".
La limpieza se dice: "puedes sentir — yo te sostengo."

Un ritual de descarga no busca que dejes de sentir.
Busca que no te quedes atrapada en lo que sientes.

Si durante un ritual notas ganas de llorar, suspirar,
bostezar o temblar levemente — eso es descarga. Si
notas que te endureces, te juzgas o te apuras por
"terminar bien" — eso es represión disfrazada de
práctica.

No necesitas hacerlo perfecto.
Necesitas hacerlo honesto.

A veces limpiar incluye llorar.
A veces incluye enojarte en silencio.
A veces incluye decir "esto me dolió" aunque nadie te escuche.

Eso no es perder control.
Es recuperar verdad.

Los rituales de este capítulo no buscan que seas imperturbable.

Buscan que seas procesante. Que no acumules lo que puede moverse.

Sentir no te ensucia.
Sentir te informa.
Procesar te libera.

Y liberar con conciencia —
eso sí es limpiar.

Ritual 6
Baño de cierre de ciclo con hierbas amargas y sal

Intención del ritual

Este baño está diseñado para acompañar cierres: etapas que terminan, decisiones tomadas, relaciones concluidas, procesos que no continuarán.

No busca borrar la memoria ni negar lo vivido — busca marcar un final consciente en el cuerpo y en la emoción.

Cerrar no es olvidar.
Cerrar es dejar de cargar activamente.

El agua aquí funciona como umbral simbólico: entras con una etapa, sales con otra disposición interna.

Cuándo realizarlo

- al terminar una relación
- al cerrar un proyecto
- después de una despedida
- al mudarte de etapa
- cuando decides "hasta aquí"
- al finalizar procesos largos
- cuando necesitas marcar internamente un final

Ideal realizarlo en la tarde o noche.

Elementos

- agua para baño o ducha
- 2–4 hierbas amargas (romero, laurel, ruda, salvia)
- 1 puñado de sal gruesa
- recipiente para infusión
- vela blanca opcional (solo ambiente, no ritual de fuego — eso va en otro capítulo)
- hoja pequeña de papel
- lápiz

Preparación

Hierve agua y prepara una infusión concentrada con las hierbas. Deja reposar 10 minutos.

En la hoja escribe:
"Cierro el ciclo de: _________"

Completa con una palabra o frase breve. No escribas historia larga — solo esencia.

Dobla el papel.

Coloca la vela cerca si deseas crear ambiente de recogimiento.

Baño previo

Realiza primero tu higiene normal. Lava el cuerpo con calma. Este baño ritual es el enjuague final.

Respira profundo antes de aplicar la infusión.

Aplicación

Agrega la sal a la infusión y mezcla con la mano
diciendo:
"No niego lo vivido.
Pero dejo de sostenerlo."

Vierte el agua desde hombros hacia abajo lentamente.
Hazlo en 3 tiempos — no de una sola vez.

Después de cada vertido, di:
"Reconozco."
"Suelto."
"Cierro."

Mantén una mano sobre el pecho durante unos
segundos.

Acto simbólico

Mojar el papel doblado con el resto de la infusión. No
necesitas leerlo de nuevo. Solo humedecerlo.

Luego deséchalo.
El símbolo aquí no es destruir — es terminar.

Integración corporal

Permanece quieta 30–60 segundos antes de secarte.

Imagina que tu cuerpo deja de mirar hacia atrás y gira
suavemente hacia adelante.

Cierre

Sécate con movimientos lentos.

Al vestirte, di: "No llevo el ciclo — llevo el aprendizaje."

Si usaste vela ambiental, apágala con respeto — sin soplar fuerte.

Variaciones

Si no tienes bañera, realízalo como ducha de vertido lento.

Si no tienes hierbas: usa agua + sal + palabra consciente.

Si no tienes sal: usa solo agua + declaración — sigue siendo ritual.

Después del ritual

- evita revisar recuerdos o conversaciones del ciclo cerrado
- no reabras el tema ese día
- el cierre necesita reposo
- toma agua
- duerme temprano si puedes

Nota consciente

Cerrar no siempre trae alivio inmediato. A veces trae silencio.El silencio también es señal de término.

Los finales conscientes
protegen la energía futura.

Ritual 7
Baño de descarga después de conflicto o intercambio intenso

Intención del ritual

Este baño está pensado para después de conflictos, discusiones, tensiones interpersonales o encuentros emocionalmente cargados.

Su propósito no es "limpiar a la otra persona", sino ayudarte a recuperar tu centro y soltar la activación que queda en el cuerpo después de un intercambio fuerte.

Después del conflicto, el cuerpo sigue reaccionando. Este ritual ayuda a señalar: ya terminó — puedo bajar la guardia.

Es descarga, no negación.
Procesamiento, no evasión.

Cuándo realizarlo

- después de una discusión
- tras confrontaciones
- luego de conversaciones difíciles
- cuando quedas "temblando por dentro"
- si sientes el cuerpo aún activado horas después
- cuando te cuesta salir mentalmente del momento

Ideal hacerlo dentro de las 24 horas posteriores.

Elementos

- agua para ducha o baño
- romero (claridad y recuperación)
- laurel (cierre y límite)
- sal gruesa
- recipiente para infusión
- toalla limpia
- prenda cómoda para después

Preparación

Prepara una infusión con romero y laurel en agua
caliente. Deja reposar 8–10 minutos.

Mientras infusiona, coloca una mano en el pecho y otra
en el abdomen y respira lento tres veces.

No analices el conflicto — solo reconoce que ocurrió.

Di:
"Lo vivido fue real.
Pero no vive en mi cuerpo para siempre."

Agrega la sal a la infusión antes de usarla.

Ducha o baño previo

Realiza tu limpieza corporal normal primero. No
hables por teléfono ni escuches contenido intenso
durante este tiempo.

Deja que el sistema baje estímulos.

Aplicación

Vierte la infusión desde la nuca y hombros hacia abajo. Hazlo lentamente.

Imagina que el exceso de activación abandona músculos y espalda.

Repite:

"Mi cuerpo no está en peligro ahora."
"Puedo soltar la reacción."
"No necesito seguir en defensa."

Afloja conscientemente la mandíbula y los hombros mientras el agua cae.

Descarga física breve

Golpea suavemente con los dedos tu pecho alto (zona del esternón) durante 15 segundos.

Esto ayuda a descargar tensión acumulada de activación.

Respira largo al terminar.

Integración

Permanece bajo el agua tibia unos momentos más sin hacer nada. El no-hacer también regula.

No repases la conversación.
No construyas argumentos nuevos.
Este es espacio corporal, no mental.

Cierre

Cierra el agua con pausa consciente.

Al secarte, di:
"Termina en mi cuerpo. No continúa dentro de mí."

Ponte ropa cómoda — señal de transición.

Variaciones

Si no tienes hierbas:
usa solo sal + agua tibia.

Si estás fuera de casa: lava nuca y antebrazos con agua
consciente — versión breve válida.

Después del ritual

- evita reactivar la discusión ese día
- no envíes mensajes impulsivos
- hidrátate
- mueve el cuerpo suavemente
- permite reposo

Nota consciente

Descargar activación no significa aprobar lo ocurrido.
Significa no quedarte atrapada fisiológicamente en ello.

No todo conflicto necesita más pensamiento — a veces
necesita descarga corporal.

Ritual 8
Vapor herbal íntimo simbólico de cierre y reconexión con el centro creativo

Intención del ritual

Este ritual utiliza vapor herbal externo como gesto simbólico de cierre emocional íntimo y reconexión con el centro creativo del cuerpo.

Está orientado a mujeres que desean marcar internamente el final de un vínculo, una etapa afectiva o una historia relacional, desde el cuidado y la presencia.

No es un procedimiento médico. No es tratamiento terapéutico. No es limpieza física interna.

Es un acto simbólico, externo y consciente.

Aquí, la "matriz" no se entiende solo como órgano biológico, sino como símbolo de creatividad, intimidad, memoria emocional y capacidad de gestar nuevas etapas.

El ritual no borra personas. Acompaña cierres internos.

Cuándo realizarlo

- después de terminar una relación
- al cerrar un ciclo íntimo
- cuando deseas marcar recuperación de tu espacio emocional
- tras procesos de apego intenso
- cuando quieres reconectar contigo

Debe hacerse desde calma — no desde rabia activa.

No realizar este ritual si:

- estás embarazada
- tienes infección vaginal activa
- has tenido cirugía reciente en zona pélvica
- presentas dolor pélvico no evaluado
- tienes fiebre
- tu médico ha indicado evitar calor local

En estos casos puedes usar la versión alternativa sin vapor incluida más adelante.

Elementos

- recipiente resistente al calor
- agua muy caliente (no hirviendo al momento de uso)
- romero o salvia (cantidad pequeña)
- laurel (opcional)
- silla con abertura o posición en cuclillas cómoda
- manta o toalla grande
- ropa suelta o falda amplia

Cantidad de hierbas: poca. Este es vapor suave, no concentrado.

Preparación

Coloca las hierbas en el recipiente y vierte el agua caliente. Espera unos minutos para que el vapor baje de intensidad. Debe estar tibio-cálido, nunca agresivo.

Ubica el recipiente debajo de la silla o frente a ti si estarás en cuclillas. El vapor debe llegar de forma indirecta y suave — nunca forzada ni a corta distancia extrema.

Antes de comenzar, coloca ambas manos sobre el abdomen bajo y di:
"Mi centro es mío. Mi historia me enseñó. Mi espacio vuelve a mí."

Aplicación

Siéntate o colócate en cuclillas con comodidad, permitiendo que el vapor tibio llegue externamente a la zona íntima. No debe haber contacto con agua ni calor excesivo.

Cubre cintura y piernas con la manta para contener el vapor.
Permanece de 5 a 10 minutos máximo.
Respira lento.
No visualices a nadie específico — enfócate en ti.

Palabras de cierre sugeridas

Puedes repetir:
"Honro lo vivido."
"Suelto el vínculo, conservo el aprendizaje."
"Mi energía íntima regresa a casa."
"Me pertenezco."

Si surge emoción, permite sin analizar.

Integración

Coloca una mano en el vientre y otra en el corazón durante un minuto al terminar. Permite que la respiración conecte ambos espacios.

No te apresures a vestirte. La transición también es
parte del ritual.

Cierre

Desecha el agua cuando enfríe.
Lava el recipiente — gesto simbólico de nuevo
comienzo.

Vístete con ropa cómoda y suave.

Versión alternativa sin vapor (igual de válida)

Si no puedes o no deseas usar vapor:

- coloca una compresa tibia sobre el abdomen bajo
- agrega unas gotas de infusión herbal al paño
- mantén 10 minutos
- realiza las mismas palabras de cierre

El símbolo funciona sin vapor.

Nota consciente

Este ritual no elimina memorias ni "energías de otras
personas". Acompaña tu decisión interna de cierre.

El poder no está en el vapor — está en tu
consentimiento consciente de soltar.

El centro creativo no necesita ser limpiado — necesita
ser reclamado.

Cómo elegir tu ritual de limpieza según cómo te sientes

No todos los días pesan igual. No toda emoción necesita el mismo tipo de descarga. Parte del autocuidado consciente es aprender a elegir la práctica adecuada para el estado interno presente, no aplicar el mismo ritual para todo.

Este capítulo ofrece distintas formas de limpieza simbólica porque el cuerpo y la emoción no se saturan de una sola manera.

A veces hay tensión mental. A veces cansancio profundo. A veces carga relacional. A veces cierre de ciclo. Cada estado responde mejor a un tipo de gesto distinto.

Elegir con precisión no es complicarse — es escucharse.

Antes de decidir, haz una pausa breve y pregúntate:

¿Qué siento exactamente ahora?
¿Peso, tensión, confusión, tristeza, saturación, cierre?
¿Necesito descargar, calmar o concluir?

No respondas rápido. Percibe.

A continuación encontrarás una guía orientativa. No es rígida. Es apoyo de elección.

Si sientes saturación general o "peso encima"

Usa:
- Baño de hierbas amargas
- Ducha de sal y romero
- Baño de pies de descarga
Estas prácticas ayudan cuando la sensación es global, difusa, acumulada.

Si tuviste un conflicto o intercambio intenso

Usa:
- Baño de descarga post-conflicto
- Lavado ritual de manos
- Ducha sal + romero
Ayudan a soltar activación fisiológica y tensión interpersonal.

Si estás cerrando una etapa

Usa:
- Baño de cierre de ciclo
- Vapor herbal general
- Vapor íntimo simbólico (si resuena y es seguro para ti)Funcionan mejor cuando hay proceso de término consciente.

Si hay emoción contenida o presión interna

Usa:
- Vapor herbal de descarga
- Baño de pies
- Baño de hierbas amargas tibio
El calor + vapor ayudan a ablandar la contención.

Si estás muy cansada y no tienes energía

Usa versión mínima:

- lavado ritual de manos
- enjuague de nuca con sal
- compresa tibia abdominal
- ducha consciente breve
El ritual pequeño también cuenta.

Si no sabes qué elegir

Elige el ritual más simple disponible hoy.
No el más completo — el más posible.

La consistencia suave transforma más que la
intensidad esporádica.
No necesitas realizar limpiezas profundas todos los
días.

Orientación general:

Rituales breves → pueden ser frecuentes
Baños completos → 1 vez por semana o por evento
Cierres de ciclo → cuando corresponda
Vapor → ocasional, no repetitivo continuo

Escucha siempre tu cuerpo primero.

Señales de que el ritual fue suficiente

No busques "sensación espectacular". La integración
suele ser sutil.

Señales comunes:

respiración más amplia
cansancio tranquilo
bostezo
sed
necesidad de silencio
sensación de espacio interno
pensamiento menos acelerado

Eso es descarga.

Señales de que necesitas pausa

Detén prácticas si notas:
mareo
agitación creciente
autoexigencia espiritual
necesidad de repetir compulsivamente
frustración por "no sentir nada"

El ritual no es rendimiento. Es cuidado.

No necesitas hacerlo perfecto. Necesitas hacerlo
presente.

Elegir el ritual adecuado es una forma de respeto
interno.
Y respetarte — también es limpiar.

Limpiar también es amarte

Limpiar no siempre se ve como amor propio — pero lo es.

Hay una versión del cuidado que es suave y luminosa: flores, aromas dulces, palabras bonitas, gestos de celebración. Y hay otra versión, menos visible pero igual de sagrada: descargar, cerrar, soltar, decir basta, vaciar lo que pesa.

Este capítulo habitó esa segunda forma.

Aquí no buscaste atraer — buscaste despejar.
No buscaste adornar — buscaste atender.
No buscaste sentirte perfecta — buscaste sentirte más ligera.

Y eso es amor propio en acción.

La limpieza consciente no elimina tu historia. No borra tus vínculos. No cambia lo que fue.

Pero sí puede cambiar cómo vive en tu cuerpo lo que fue. Puede devolver espacio donde había saturación. Puede traer respiración donde había presión. Puede abrir pausa donde había inercia.

No subestimes los gestos pequeños repetidos.

Un lavado de manos con intención.
Un baño de pies en silencio.
Una ducha consciente al terminar un día difícil.
Una infusión vertida con palabras de cierre.

Nada de eso es mínimo cuando es honesto.

A medida que practiques, notarás algo sutil: empezarás
a detectar antes cuándo necesitas limpiar. Tu cuerpo te
avisará más temprano. Tu respiración se volverá señal.
Tu cansancio tendrá mensaje. Y responderás con
cuidado, no con exigencia.

Ese es el aprendizaje real: no el ritual — la escucha.

Recuerda también que limpiar no es vivir descargando
todo el tiempo. Es intervenir cuando hace falta. Es
prevenir acumulación. Es respetar tus límites
energéticos y emocionales.

No necesitas estar colapsada para cuidarte.
No necesitas romperte para detenerte.
No necesitas tocar fondo para vaciar peso.

Puedes elegir la limpieza como mantenimiento
amoroso.

En el siguiente capítulo entraremos en otra fase del
proceso: el corte consciente y la liberación.

Capítulo 2

Corte y liberación consciente

No todo lo que pesa se descarga.
Hay cosas que necesitan cortarse.

Después de limpiar viene otra fase del proceso interior: la liberación consciente. No es lo mismo soltar tensión que cortar un vínculo activo.

No es lo mismo descargar emoción que retirar permiso interno. Limpiar aligera. Cortar separa.

Y separar, a veces, también es amor propio.

Muchas mujeres han sido enseñadas a sostener incluso cuando duele, a continuar incluso cuando desgasta, a comprender incluso cuando se desbordan sus propios límites.

Por eso el acto de corte consciente no es agresión — es madurez emocional.

Cortar no es odiar.
Cortar no es castigar.
Cortar no es negar lo vivido.

Cortar es decir: hasta aquí llega mi participación energética.

En este capítulo trabajaremos con rituales simbólicos de separación y liberación: actos con fuego, palabra, agua y gesto físico que ayudan a marcar límites internos.

No porque el símbolo haga el trabajo por ti, sino porque el símbolo ayuda al sistema nervioso y emocional a aceptar la decisión.

El cuerpo necesita señales claras de término.

Hay vínculos que ya terminaron en la realidad, pero siguen activos en la mente. Hay etapas que concluyeron en los hechos, pero continúan en la emoción. Hay promesas que se rompieron afuera, pero siguen vigentes adentro.
El corte ritual acompaña el momento en que alineas interior y exterior.

No todos los cortes son hacia personas.
Algunos son hacia patrones.
Hacia versiones antiguas de ti.
Hacia culpas repetidas.
Hacia promesas que ya no te representan.
Hacia expectativas que te aprietan.

Liberar también incluye devolver cargas que nunca fueron tuyas.

Este capítulo no propone cortes impulsivos. No es
ruptura dramática. Es separación consciente.

Por eso muchos rituales aquí incluyen pausa previa,
escritura, respiración y declaración clara. Primero
reconoces — luego cortas.

La liberación saludable no nace de la rabia desbordada.
Nace de la claridad sostenida.

Si todavía estás en plena tormenta emocional, vuelve a
los rituales de limpieza del capítulo anterior. Regula
primero. Corta después. El orden protege.

Aquí aprenderás rituales para:

marcar cierre de vínculos
devolver cargas emocionales
cortar lazos simbólicos
liberar promesas internas
separarte de patrones repetidos
recuperar energía entregada en exceso

Todos los actos propuestos son simbólicos, conscientes
y seguros.

Ninguno reemplaza procesos terapéuticos ni
decisiones legales o relacionales reales.

El ritual no sustituye la conversación necesaria — la
prepara.

Cortar no siempre rompe.
A veces ordena.

Antes de comenzar los rituales de este capítulo, declara
internamente:
"No corto desde el odio. Corto desde el respeto a mi
límite."

Respira.

La liberación no es dureza.
Es dirección.

Comenzamos.

Ritual 1
Corte simbólico de lazo con hilo y declaración consciente

Intención del ritual

Este ritual acompaña procesos de separación emocional consciente: cuando reconoces que un vínculo, patrón o apego ya no debe seguir activo dentro de ti. No corta a la otra persona — corta tu participación energética sostenida.

Es un acto simbólico de límite interno.

No borra el pasado.
No niega el cariño que existió.
Marca el final de la continuidad interior.

El hilo representa conexión sostenida.
El corte representa decisión clara.

Cuándo realizarlo

- después de terminar una relación
- cuando sigues emocionalmente atada a alguien ausente
- al soltar un vínculo no correspondido
- al dejar un patrón repetido
- cuando decides no volver a una dinámica
- al cerrar dependencia emocional

Realízalo cuando haya claridad — no en impulso reactivo.

Elementos

- hilo o cordón (20–30 cm)
- tijeras
- hoja de papel
- lápiz
- recipiente pequeño
- agua o vela (elige una de las dos opciones)

No necesitas ambos elementos finales — puedes elegir corte con agua o con fuego simbólico.

Preparación

En la hoja escribe: "Reconozco mi vínculo con:
_______"

Puede ser una persona, patrón, etapa o conducta. Usa una palabra o frase breve.

Dobla el papel.

Sostén el hilo entre ambas manos tensándolo suavemente. Observa la tensión física — es parte del símbolo.

Di: "Lo que existió, existió. Lo que aprendí, permanece. Lo que continúa, termina hoy en mí."

Respira profundo.

Acto de corte

Corta el hilo en el centro con las tijeras — sin violencia, con firmeza.

Observa los dos extremos separados. No los vuelvas a unir.

Di: "La conexión activa termina. El aprendizaje queda."

Opción A — Cierre con agua

Coloca los dos trozos de hilo en el recipiente con agua.

Declara:

"Lo que se corta, se enfría.
Lo que se enfría, descansa."

Desecha el agua después.

Opción B — Cierre con fuego

Acerca cuidadosamente los extremos a una vela y
quema solo las puntas (sobre superficie segura).

Declara:

"Lo que se corta, se transforma.
Lo que se transforma, se libera."

Apaga la vela conscientemente.

Integración

Coloca una mano en el pecho y otra en el abdomen.

Pregunta en silencio:

"¿Estoy lista para sostener este límite?"

No fuerces respuesta — siente.

Cierre

Desecha los restos del hilo y el papel.
No los guardes. El símbolo es término.

Variaciones

Si no tienes hilo:
usa una tira de papel y rómpela.

Si no puedes usar fuego:
usa solo agua.

Si no puedes escribir:
nombra en voz baja.

Nota consciente

Cortar simbólicamente no sustituye decisiones reales,
conversaciones necesarias o procesos terapéuticos. El
ritual acompaña tu decisión — no la reemplaza.

Un límite interno claro
es una forma de paz activa.

Cortar no es odiar

Existe una creencia silenciosa que dificulta la liberación emocional: la idea de que poner límites o cortar un vínculo implica dureza, rencor o falta de amor.
Muchas personas permanecen atadas a lo que duele no por falta de claridad, sino por miedo a sentirse "malas" al separarse.

Pero cortar no es odiar. Cortar es diferenciar.

El odio todavía es un lazo — intenso, pero lazo. El corte consciente no necesita odio; necesita verdad.

Es el momento en que reconoces que algo ya no es sano para ti, aunque alguna vez haya sido importante.
Es una decisión de cuidado, no de ataque.
Puedes agradecer y cortar.
Puedes amar lo que fue y cortar.
Puedes honrar el aprendizaje y cortar.

El amor maduro no siempre se expresa permaneciendo. A veces se expresa retirando participación. Porque el amor propio también es una relación — y no debe quedar siempre en último lugar.

Muchas mujeres han sido educadas para sostener incluso cuando se vacían. Para comprender incluso cuando se rompen.

Para esperar incluso cuando la evidencia es clara. Por eso el corte consciente puede sentirse extraño al principio — no porque sea incorrecto, sino porque es nuevo.

Cortar no te convierte en fría. Te convierte en clara.

Otra confusión frecuente es creer que cortar significa negar la historia. No es así. Negar sería decir "no importó". Cortar es decir "sí importó — y terminó". Hay respeto en esa frase. Hay adultez emocional.

El corte sano no grita. No humilla. No dramatiza. Declara.

También es importante entender que no todos los cortes son visibles hacia afuera. Muchos ocurren en silencio interno: dejar de justificar, dejar de perseguir explicación, dejar de sostener expectativa, dejar de invertir energía donde no hay reciprocidad.

Ese tipo de corte cambia la vida aunque nadie más lo vea.

Si al pensar en cortar sientes culpa, pregúntate con honestidad suave:
¿Estoy siendo dura — o estoy siendo fiel a mi límite?
¿Estoy atacando — o me estoy protegiendo?
¿Estoy rechazando — o me estoy eligiendo?

La diferencia importa.

Cortar desde la conciencia no endurece el corazón — lo ordena. Libera espacio para vínculos más sanos, decisiones más claras y relaciones donde no tengas que disminuirte para permanecer.
No todo lo que termina fue error.
Algunas cosas terminan porque cumplieron su función.

Y reconocer eso — también es amor.

Ritual 2 Liberación por escritura y agua de disolución

Intención del ritual

Este ritual acompaña la liberación de pensamientos repetitivos, promesas internas, culpas sostenidas o frases que te mantienen atada a una historia pasada.

Utiliza escritura y agua como símbolos de expresión y disolución.

Es especialmente útil cuando el lazo no es con una persona directa, sino con una idea:
"debí", "tendría que", "si hubiera…", "no puedo sin…".

La escritura externaliza.
El agua suaviza.
La disolución simboliza término.

No destruyes la memoria — disuelves la fijación.

Cuándo realizarlo

- cuando hay pensamiento circular persistente
- culpa repetida
- auto-reproche
- promesas internas que ya no sostendrás
- expectativas no cumplidas
- diálogos internos que no descansan
- apego a "lo que debió ser"

Ideal hacerlo en un momento tranquilo, sin interrupciones.

Elementos

- hoja de papel
- lápiz o pluma
- recipiente con agua tibia
- pizca de sal
- cuchara o tus dedos
- toalla o paño

Preparación

Siéntate con el papel frente a ti. Respira tres veces lento antes de escribir.

Completa estas frases (una o varias):
"Me sigo atando a…"
"No he podido soltar…"
"Sigo repitiendo…"
"Me prometí que…"
"Me culpo por…"

Escribe sin editar. No busques belleza — busca verdad. Cuando termines, dobla la hoja una vez.

Coloca la sal en el agua y mezcla diciendo: "Lo que nombro, comienza a soltarse."

Acto de disolución

Introduce el papel en el recipiente con agua tibia. Déjalo mojarse por completo. Obsérvalo unos momentos mientras el papel se ablanda.

Con los dedos o la cuchara, comienza a deshacerlo lentamente dentro del agua.

Mientras lo haces, repite: "Lo expreso." "Lo libero." "No lo sostengo más."
No hay prisa. El gesto lento es parte del proceso.

Tiempo de integración

Permanece en silencio uno o dos minutos.

Respira con una mano en el pecho y otra en el abdomen. Deja que el cuerpo registre el gesto de soltar. Si surge emoción, no la analices. Acompáñala.

Cierre del ritual

Cuando el papel esté deshecho, deja el agua reposar unos minutos en silencio.

Luego desecha el agua en el lavabo o en la tierra si es posible.
Hazlo sin dramatizar — como quien suelta algo que ya cumplió su función.

Seca tus manos con calma.
Coloca una mano sobre el pecho y di en voz baja o interna:
"Lo que estaba atado, se afloja."
"Lo que pesaba, se mueve."
"No necesito sostenerlo para recordarlo."

No fuerces sensación de alivio. A veces la liberación es inmediata. A veces comienza en silencio. Ambas son válidas.

Después del ritual

- evita sobre-analizar lo escrito
- no vuelvas a leer el contenido disuelto
- permite que el gesto sea suficiente
- descansa si es posible
- bebe agua
- observa tu estado sin juicio

Este acto no borra la experiencia. La suaviza. Le devuelve movimiento.

Ritual 3
Devolver cargas que no son tuyas

Intención del ritual

Este ritual acompaña la liberación de responsabilidades emocionales mal asumidas: culpas que no te pertenecen, problemas que no te corresponde resolver, emociones ajenas que has cargado como propias.

Muchas veces no estamos atadas por amor — sino por sobre-responsabilidad. Este acto simbólico ayuda a diferenciar: qué es mío sostener y qué no.

Devolver no es abandonar.
Devolver es ordenar.

No se devuelve con enojo — se devuelve con límite consciente.

Cuándo realizarlo

- cuando te sientes responsable de la felicidad de otros
- cuando cargas culpas ajenas
- cuando intentaste "salvar" a alguien
- cuando te culpan por decisiones que no controlas
- cuando te cuesta separar tu emoción de la de otros
- después de relaciones con alta dependencia emocional

Hazlo desde claridad, no desde reacción.

Elementos

- 3 pequeñas piedras, semillas o granos (símbolos de cargas)
- recipiente con agua
- hoja de papel
- lápiz
- tus manos (elemento principal)

Preparación

Coloca las tres piedras o semillas frente a ti. Obsérvalas.

En el papel escribe tres frases:
"Esto no me corresponde resolver: _______"
"Esto no me corresponde cargar: _______"
"Esto no me corresponde sostener: _______"

Completa con situaciones o roles — no nombres de personas si eso te activa demasiado. Enfócate en funciones, no identidades.

Dobla el papel.
Toma las piedras en tus manos.

Reconocimiento

Con las manos cerradas alrededor de las piedras, di:

"Reconozco que tomé esto."
"Aunque no era mío."
"Aunque intenté ayudar."
"Aunque quise reparar."

Respira.

El reconocimiento es parte de la liberación.

Acto de devolución

Introduce las manos con las piedras dentro del recipiente con agua.

Abre lentamente los dedos y suéltalas.

Mientras caen, declara:
"Devuelvo lo que no es mío.
Con respeto.
Sin culpa.
Con límite."

Deja las manos dentro del agua unos segundos más.

Integración corporal

Saca las manos y colócalas sobre tu pecho.

Di:
"Puedo cuidar sin cargar.
Puedo amar sin absorber."

Respira lento.

Cierre

Desecha el agua.
Guarda o devuelve las piedras a la tierra si es posible.
No las conserves como símbolo activo.

Rompe el papel y deséchalo.

Variaciones

Si no tienes piedras:
usa granos de arroz o frijoles.

Si no tienes agua:
abre las manos al aire — gesto simbólico válido.

Si la carga es una sola:
usa un solo objeto.

Después del ritual

- observa si aparece sensación de alivio o cansancio
- evita volver a "recoger" mentalmente la carga
- si surge culpa, respira — es transición, no error
- descansa

Nota consciente

No cargar lo ajeno no te vuelve indiferente.
Te vuelve emocionalmente responsable.

Ayudar no es absorber.
Sostener no es sustituir.

Quien devuelve lo que no es suyo
recupera energía legítima.

Culpa, responsabilidad y límite: aprender a distinguir

Una de las razones por las que cuesta tanto liberar y cortar es la culpa. No la culpa sana — la que informa y corrige — sino la culpa aprendida, difusa, automática. Esa que aparece cada vez que dices "no", cada vez que te retiras, cada vez que dejas de sostener lo que antes sostenías.

No toda culpa indica error.
A veces indica cambio de patrón.

Cuando has estado acostumbrada a cargar por otros, a resolver por otros o a quedarte más de lo sano, poner un límite se siente incorrecto al principio. No porque lo sea — sino porque es nuevo para tu sistema emocional.

La culpa aprendida protege dinámicas viejas.
El límite consciente protege tu energía.

Es importante distinguir tres cosas que suelen confundirse:

Responsabilidad — lo que sí te corresponde por tus actos y decisiones.
Empatía — la capacidad de comprender el sentir del otro.
Sobre-responsabilidad — asumir como propio lo que no controlas.

La responsabilidad sana dice:
"Respondo por lo que hago."
La sobre-responsabilidad dice:
"Respondo por lo que todos sienten."

La primera es madurez.
La segunda es desgaste.

Muchas mujeres fueron elogiadas por su sobre-
responsabilidad desde pequeñas: la que entiende, la
que ayuda, la que calma, la que no causa problemas, la
que se adapta.

Con el tiempo, ese patrón se vuelve identidad.
Entonces liberar y cortar se sienten como traición al
personaje — aunque sean fidelidad a la verdad interna.

Poner límite no es abandonar.
Es ubicar.

También es importante entender que el dolor del otro
no siempre es señal de que hiciste algo mal. A veces es
señal de que dejaste de hacer algo que te hacía mal a ti.

No todo malestar ajeno es injusticia.
A veces es ajuste.

El límite sano no necesita gritar ni explicar en exceso.
No necesita convencer. Se expresa con claridad y se
sostiene con coherencia. Y sí — a veces incomoda. Pero
incomodar no es dañar.

Pregúntate con honestidad suave:

¿Estoy fallando — o estoy dejando de sobre-funcionar?
¿Estoy siendo dura — o estoy siendo clara?
¿Estoy hiriendo — o estoy delimitando?

Las respuestas cambian la experiencia interna.

Liberar culpa falsa es parte esencial de cortar lazos
internos. De lo contrario, el vínculo se rompe afuera
pero sigue atado por dentro a través del auto-reproche.

No necesitas permiso universal para cuidarte.
Necesitas permiso interno.

Y ese — puedes dártelo tú.

El límite no destruye el amor sano.
Solo expulsa la carga que lo distorsiona.

Ritual 4 Corte de promesa interna y devolución de palabra dada

Intención del ritual

Este ritual acompaña la liberación de promesas internas que hiciste en otro momento de tu vida y que hoy ya no te representan.

Promesas hechas desde miedo, dependencia, idealización o necesidad de pertenecer.

No todas las promesas dichas en el pasado deben gobernar el presente.

Algunas fueron necesarias para sobrevivir una etapa. Pero no necesarias para continuar creciendo.

Este acto simbólico no rompe tu integridad — la actualiza.

Cuándo realizarlo

- cuando sigues atada a un "siempre" que ya no puedes sostener
- cuando prometiste quedarte aunque te dañaba
- cuando juraste tolerar algo que hoy reconoces insano
- cuando dijiste "nunca me iré" desde miedo
- cuando te comprometiste a un rol que ya no es tuyo
- cuando sientes deuda emocional por palabra pasada

Hazlo desde claridad, no desde enojo momentáneo.

Elementos

- hoja de papel
- lápiz o pluma
- recipiente con agua
- pizca de sal
- tijeras (opcional)

Preparación

En la hoja escribe una o más frases de promesa pasada.
Ejemplos:

"Prometí que soportaría…"
"Me prometí no dejar…"
"Dije que siempre…"
"Juraba que nunca…"

Escribe sin adornar — directo.

Debajo escribe: "Esa promesa pertenecía a quien yo era
entonces."
Respira.

Reconocimiento

Lee en voz baja lo que escribiste.
Luego agrega:

"Hoy reconozco que he cambiado."
"Mi conciencia es distinta."
"Mi límite es distinto."

No necesitas justificar — solo reconocer.

Acto de corte

Dobla la hoja y córtala en dos (o varias partes) con las
tijeras.

Acto de devolución

Coloca los trozos en el recipiente con agua y sal.

Déjalos allí unos minutos.

Declara:

"Libero la promesa que ya no me protege.
Conservo la verdad que sí."

Observa cómo el papel se ablanda.

Integración

Coloca una mano sobre tu garganta (zona de la voz) y
otra sobre el corazón.

Di:

"Mi voz presente tiene prioridad."

Respira profundo.

Cierre

Desecha el agua y el papel.
No guardes restos.

Lava el recipiente — señal de palabra nueva
disponible.

Variaciones

Si no quieres cortar papel:
rompe con las manos.

Si no puedes usar agua:
quema el papel en recipiente seguro.

Si la promesa fue interna silenciosa:
escríbela igual — darle forma permite soltarla.

Después del ritual

- evita revisar conversaciones antiguas
- no re-negocies contigo el mismo compromiso ese día
- permite que la nueva decisión se asiente
- descansa

Nota consciente

Cambiar una promesa que te dañaba no es traición —
es madurez. La integridad no es rigidez; es coherencia
con tu conciencia actual.

No todas las promesas deben cumplirse.
Solo las que honran quien eres ahora.

Cuando soltar da miedo

Pocas cosas se dicen con suficiente honestidad en los caminos de liberación emocional: soltar también puede dar miedo.

No siempre se siente ligero. No siempre se siente correcto al inicio. A veces se siente como vacío, como inestabilidad, como pérdida de referencia.

Y eso no significa que esté mal.
Significa que era importante.

El apego — incluso al dolor — crea familiaridad. Y el sistema nervioso, por naturaleza, prefiere lo familiar a lo incierto, aunque lo familiar duela.

Por eso algunas personas permanecen en vínculos agotados, patrones repetidos o promesas rotas: no por falta de conciencia, sino por miedo al espacio que queda después.

Soltar no solo libera peso.
También crea espacio.
Y el espacio asusta cuando no estamos acostumbradas a habitarlo.

Existe un momento intermedio del proceso que casi no se nombra: el tramo entre soltar lo viejo y estabilizar lo nuevo.

Ese tramo puede sentirse frágil. No porque retrocediste
— sino porque te estás re-organizando.

Es como mover muebles en una habitación: durante un
momento, todo está fuera de lugar. No porque la casa
empeoró — sino porque está cambiando de forma.

Otro miedo común es este:
"Si suelto, ¿significa que no me importó?"
No. Significa que dejó de ser sostenible.

También aparece el miedo a equivocarse:
"¿Y si estoy cortando demasiado pronto?"
Por eso este libro insiste en algo importante: regula
primero, corta después. Cuando la decisión nace de
claridad tranquila — no de tormenta — suele ser
precisa.

Soltar no es borrar amor.
Es retirar permanencia.

Puedes honrar lo que fue verdadero y aun así dejar de
sostenerlo activamente. Puedes agradecer y retirarte.
Puedes recordar sin continuar.

A veces el miedo no es a perder a la otra persona — es
a encontrarte contigo sin distracción. Sin drama. Sin
persecución. Sin urgencia.

Y ese encuentro puede sentirse desconocido si llevas
mucho tiempo definida por el vínculo y no por tu
centro.

Si aparece miedo al soltar, no lo interpretes como señal
de detenerte automáticamente. Interprétalo como señal
de acompañarte más despacio.

Más respiración.
Más cuerpo.
Más ritual suave.
Menos prisa.

Pregúntate:

¿Tengo miedo porque es incorrecto —
o porque es nuevo?

La respuesta cambia el camino.

La liberación consciente no exige valentía heroica.
Exige honestidad sostenida. Paso pequeño. Decisión
repetida. Límite practicado.

El miedo no invalida el corte.
Solo pide presencia durante el proceso.

Soltar con temblor también es soltar.
Y también es avance.

Ritual 5
Liberación con fuego y palabra declarada

Intención del ritual

Este ritual utiliza fuego simbólico y palabra consciente para acompañar una liberación firme: dejar atrás un patrón, una auto-definición limitante o una etapa que ya reconoces concluida.

El fuego aquí no representa destrucción — representa transformación y dirección.

No se quema la memoria.
No se quema la historia.
Se transforma el vínculo activo con ella.

El acto de declarar en voz alta completa el proceso: lo que se nombra con conciencia deja de actuar en silencio.

Cuándo realizarlo

- cuando identificas un patrón repetido que decides terminar
- cuando dejas una versión antigua de ti
- al cerrar una etapa larga
- cuando necesitas marcar un "no más" interno
- después de varios intentos fallidos de soltar
- cuando quieres un gesto claro de transición

Realízalo con calma — no en medio de una crisis.

Elementos

- vela (blanca o natural)
- cerillos o encendedor
- hoja de papel
- lápiz o pluma
- recipiente resistente al calor
- vaso con agua (seguridad)

Preparación

En la hoja escribe una frase clara que describa lo que decides liberar. Ejemplos:

"Dejo el patrón de perseguir aprobación."
"Termino la auto-culpa constante."
"Dejo de elegirme en último lugar."
"Cierro esta etapa de dependencia."

Una frase — directa y verdadera.

Debajo escribe:
"Esta decisión comienza hoy."
Dobla el papel una vez.

Apertura

Enciende la vela y colócala frente a ti.

Mira la llama unos segundos y di:

"Transformo, no niego.
Libero, no huyo.
Decido, no reacciono."
Respira lento.

Sostén el papel con ambas manos y lee tu frase en voz alta. No susurrada — audible para ti.

Luego añade: "Reconozco que este patrón existió. Reconozco que ya no continúa conmigo."

La voz es parte del corte.
Acto de fuego

Coloca el papel en el recipiente resistente y quema una esquina con la vela. Déjalo consumirse de forma segura. No lo sostengas en la mano mientras arde.

Observa sin dramatizar.

Mientras se transforma, repite: "Esto termina en mi conducta.
No solo en mi intención."

Integración corporal

Coloca una mano en el plexo solar (zona alta del abdomen).

Di: "Mi voluntad participa."
Respira profundo.

Cierre
Apaga la vela sin soplar fuerte — hazlo con respeto consciente.

Cuando el papel esté totalmente apagado y frío, desecha los restos.
Bebe un poco de agua — señal de regulación después del fuego.

Variaciones

Si no puedes usar fuego:
rompe el papel en muchos trozos pequeños y
deséchalos.

Si no puedes hablar en voz alta:
declara en voz firme interna — pero completa.

Si la emoción es intensa:
reduce la frase a pocas palabras esenciales.

Después del ritual

- no pongas a prueba el cambio de inmediato
- evita conversaciones que reactiven el patrón ese día
- permite asentamiento
- observa tus decisiones en días siguientes

Nota consciente

El fuego simbólico no cambia hábitos por sí solo.
Cambia tu posición interna frente a ellos. La
transformación real ocurre cuando la acción diaria
acompaña la declaración.

La liberación se declara una vez —
y se practica muchas.

Señales de que un corte interno sí se está completando

No todos los cortes internos se sienten como alivio inmediato. A veces se sienten como silencio, como cansancio suave, como una calma extraña.

Por eso es importante reconocer las señales reales de liberación en proceso — no las expectativas dramáticas de "sentirme totalmente libre en un instante".

La liberación consciente suele ser más sutil que espectacular.

Muchas personas abandonan procesos de corte porque esperan una sensación intensa de cierre definitivo. Cuando no llega, asumen que "no funcionó".

En realidad, el sistema emocional trabaja de forma gradual.
El ritual marca dirección — la integración ocurre con el tiempo y la conducta.

Un corte interno verdadero no siempre produce euforia.
Produce orden.

A continuación, algunas señales comunes de que el corte simbólico y emocional está avanzando:

Disminuye la urgencia de buscar contacto.
Baja la necesidad de explicar tu decisión.
Se reduce el diálogo mental repetitivo.
Hay más espacio entre pensamiento y reacción.
La emoción aparece, pero no domina.
Surge cansancio tranquilo en lugar de ansiedad activa.
Dejas de revisar recuerdos de forma compulsiva.
Aceptas sin justificar tanto.
Sientes menos impulso de "demostrar" algo.

No significa que no recuerdes.
Significa que ya no persigues.

Otra señal importante es el cambio conductual pequeño pero consistente: eliges distinto sin anunciarlo. Respondes distinto sin explicarlo. Te retiras antes sin culparte tanto.

Ese ajuste silencioso suele ser indicador más confiable que la emoción momentánea.

También puede aparecer una fase intermedia poco comprendida: una especie de neutralidad. No hay dolor intenso, pero tampoco entusiasmo. Es reorganización. El sistema está recalibrando inversión emocional.

No la confundas con retroceso.
Es transición.

Hay también señales corporales:
respiración más profunda
menos tensión mandibular
sueño más estable
menos impulso de revisar el pasado
mayor tolerancia al silencio

El cuerpo suele mostrar el corte antes que la mente.
Es importante recordar que cortar no significa no sentir
nada nunca más. Significa que el sentimiento deja de
gobernar tus decisiones.

Puede aparecer nostalgia sin que vuelva el apego.
Puede existir memoria sin que exista enganche.

Eso es libertad funcional.

Si notas que vuelven impulsos antiguos, no declares
fracaso automático. Pregunta: ¿es recaída — o es eco?
Los ecos son normales.

No indican que el corte fue falso. Indican que el
sistema aún termina de soltar capas.

La liberación no es línea recta. Es descenso de
intensidad.

No midas tu avance por ausencia total de emoción.
Mídelo por la presencia creciente de elección.

Cuando puedes elegir sin presión interna — el corte
está ocurriendo. Confía en procesos sostenidos más
que en sensaciones explosivas. El cambio profundo
suele ser silencioso.

Lo que se ordena de verdad por dentro no necesita
anunciarse por fuera.

Liberar no es solo soltar — es proteger tu energía futura.

A lo largo de este capítulo trabajaste el acto consciente de cortar, devolver, transformar y actualizar vínculos internos. No como gesto de dureza, sino como gesto de orden. No como rechazo, sino como dirección.

Muchas personas entienden el amor como permanencia.

Pero el amor sano también sabe retirarse cuando continuar implica perderse. Saber terminar una implicación que te daña no contradice tu capacidad de amar — la madura.

Protegerte no te vuelve cerrada. Te vuelve disponible para lo sano.

El corte consciente no elimina tu sensibilidad. La refina. Te ayuda a distinguir entre empatía y absorción, entre compromiso y sacrificio excesivo, entre lealtad y autoabandono.

Cada ritual de este capítulo tuvo un propósito distinto, pero todos compartieron un eje: devolver elección a tu centro. Quitar automatismo. Interrumpir repetición. Declarar límite interno.

Y el límite interno cambia la vida externa.

No siempre de inmediato. No siempre de forma
visible. Pero sí de forma sostenida. Porque cuando
dejas de participar energéticamente en una dinámica,
la dinámica cambia — o desaparece — o se redefine.

Puede que después de liberar sientas silencio. Puede
que sientas cansancio.
Puede que sientas espacio.

No llenes ese espacio demasiado rápido. No corras a
sustituir vínculo por vínculo, hábito por hábito, ruido
por ruido. El espacio también es medicina. El espacio
también regula.

Hay una etapa hermosa — aunque poco celebrada —
que ocurre después de la liberación: la etapa de sostén.
No cortar más. No limpiar más. Sino cuidar lo que
quedó. Aprender a habitarte sin tensión constante.
Aprender a elegir sin urgencia.

Ahí es donde entra el siguiente movimiento del
proceso.Después de limpiar y liberar — nutrir.

No puedes vivir cortando para siempre. No puedes
vivir soltando todo el tiempo. El sistema también
necesita recibir, suavizar, reparar y reponer. La
liberación prepara el terreno, pero el cuidado lo hace
fértil.

Antes de pasar al siguiente capítulo, detente un
momento.

Respira profundo.
Coloca una mano en tu pecho.

Reconoce en voz baja:

Tengo derecho a poner límites.
Tengo derecho a actualizar mis decisiones.
Tengo derecho a retirarme de lo que me desgasta.
Tengo derecho a proteger mi energía.

No como privilegio — como responsabilidad contigo.

Liberar no te quita amor.
Te devuelve dirección.

Y dirección — es una forma de paz activa.

Todo límite sano necesita después un gesto de cuidado.
Donde termina el corte, comienza el sostén.

Capítulo 3

Nutrición y sostén consciente

Después de limpiar y liberar, viene una fase igual de importante y a menudo olvidada: nutrir.

No puedes vivir descargando para siempre.
No puedes sostenerte solo a base de cortes y límites.
El alma también necesita reposición.

Muchas personas aprenden a soltar, pero no aprenden a recibir. Aprenden a decir "no", pero no a decir "sí" a su propio cuidado. Aprenden a cerrar ciclos, pero no a abrir espacios de reparación.

Este capítulo existe para completar el proceso.

Porque liberar crea espacio —
pero nutrir lo vuelve habitable.

La nutrición consciente no es indulgencia sin dirección.
No es evasión dulce. Es sostén deliberado.

Son actos que devuelven regulación al cuerpo, suavidad al sistema nervioso y confianza a la experiencia interna.

Aquí no trabajaremos con amargo — sino con tibio.
No con corte — sino con contacto.
No con descarga — sino con reposición.

Los rituales de este capítulo están orientados a:

calmar después de liberar
reparar después de cerrar
abrazar después de soltar
reconstruir sensación de seguridad interna
volver al cuerpo con gentileza
restaurar energía emocional

Si los capítulos anteriores fueron movimiento, este es
sostén.

Es importante entender algo con claridad: nutrirte no
es premio por haber sufrido. No es recompensa por
haber sido fuerte. No es algo que "te ganas" después
de aguantar.
Es una necesidad básica de tu sistema emocional.

No necesitas justificar tu descanso.
No necesitas merecer tu cuidado.
Lo necesitas — punto.

La nutrición ritual funciona porque involucra
sensación, ritmo y presencia. Agua tibia, aromas
suaves, contacto corporal, respiración lenta,
temperatura regulada, palabra amable. Todo eso envía
señales directas al sistema nervioso: es seguro aflojar.

Y cuando el cuerpo se siente seguro, la emoción se
reorganiza.

Este capítulo no busca que te vuelvas dependiente de rituales largos. Busca que aprendas a crear micro-espacios de sostén cotidiano. Gestos repetibles. Prácticas accesibles. Cuidado posible.

Antes de comenzar los rituales, declara internamente:

"No solo sé soltar.
También sé sostenerme."

Respira.

Ahora entramos en la fase de reparación suave.
Sin prisa.
Sin exigencia.
Con presencia.

Comenzamos.

Ritual 1
Baño tibio de calma y regulación del sistema nervioso

Intención del ritual

Este baño no busca limpiar ni cortar — busca calmar.
Es un ritual de nutrición corporal y regulación
emocional para después de etapas intensas, procesos
de liberación o días exigentes.

Su función es enviar al cuerpo una señal clara de
seguridad y descanso. No es baño de transformación.
Es baño de sostén.

El agua tibia, el aroma suave y el ritmo lento ayudan al
sistema nervioso a salir del estado de alerta y entrar en
estado de reposo reparador.

Cuándo realizarlo

- después de rituales de liberación
- tras días emocionalmente intensos
- cuando sientes agotamiento interno
- después de llorar mucho
- cuando necesitas contención
- antes de dormir
- en días de sensibilidad alta
Puede realizarse de noche preferentemente.

Elementos

- agua tibia (no caliente intensa)
- manzanilla o lavanda (suave)
- avena o leche (opcional, símbolo de nutrición)
- recipiente para infusión
- toalla suave
- luz tenue (opcional)

Preparación

Prepara una infusión con manzanilla o lavanda. Aroma suave, no penetrante. Deja reposar 5–8 minutos.

Si usas avena o leche, agrégala directamente al agua del baño o ducha final (pequeña cantidad).

Antes de entrar al agua, coloca una mano en tu pecho y di:
"No estoy descargando. Estoy reparando."
Baja el ritmo intencionalmente.

Aplicación — versión baño

Recordatorio: primero higiene normal.

Al final, vierte la infusión tibia lentamente desde hombros hacia abajo o agrégala a la bañera.

Permanece en el agua de 10 a 15 minutos.

No uses el teléfono.
No pongas estímulos intensos.
Este es espacio de regulación.

Contacto corporal

Coloca ambas manos sobre costillas bajas y respira
lento:
inhalar 4
exhalar 6

Repite 6 veces.

Exhalar más largo regula.

Palabras de sostén

Repite:

"Estoy a salvo en mi cuerpo."
"Puedo descansar sin perder control."
"Bajar el ritmo también es avance."

Integración

Al salir, no te seques de inmediato. Permanece unos
segundos envuelta en la toalla.

La transición lenta es parte del ritual.

Cierre

Vístete con ropa cómoda.
Evita decisiones importantes después.
Este ritual abre reposo — no acción.

Variaciones

Si no tienes hierbas:
usa solo agua tibia + respiración.

Si no puedes bañarte: compresa tibia en pecho y
abdomen.

Si estás muy cansada: reduce tiempo — sostén
intención.

Después del ritual

- evita pantallas brillantes
- hidrátate
- duerme si puedes
- no "aproveches" para resolver cosas

Nota consciente

Calmar no es retroceder.
Regular no es rendirse.
Descansar también es parte del proceso de sanación.

El sistema que se siente sostenido no necesita
defenderse todo el tiempo.

Descansar sin culpa también es sanación

Muchas personas pueden soltar, pueden cortar, pueden sostener a otros — pero no pueden descansar sin sentirse culpables.

El descanso, para ellas, no es alivio: es inquietud. No es permiso: es deuda.

Si te cuesta descansar, no es falla de carácter.
Es aprendizaje condicionado.

Vivimos en culturas que premian la productividad visible y desconfían del reposo silencioso. Se celebra a quien resiste, a quien rinde, a quien sigue.

Se cuestiona a quien pausa, a quien se retira, a quien necesita tiempo. Con los años, esa presión externa se vuelve voz interna.

Entonces aparece el pensamiento automático:
"Debería estar haciendo algo."
"No hice suficiente."
"No avancé hoy."
"No merezco parar todavía."

Pero el sistema nervioso no se repara por mérito.
Se repara por pausa.

El descanso no es recompensa por agotamiento
extremo.

Es necesidad biológica y emocional. No es lo que haces
después de romperte — es lo que evita que te rompas.

Existe una diferencia entre pereza evasiva y descanso
reparador. La pereza evasiva evita sentir.

El descanso reparador permite integrar. La primera
deja inquietud. El segundo deja regulación.

Puedes distinguirlos por el efecto:

Después de evasión → más ruido interno.
Después de descanso → más espacio interno.

Otra confusión frecuente es creer que descansar es no
hacer nada. No siempre. A veces descansar es hacer
menos. Más lento. Con menos exigencia. Con menos
auto-presión.

Cambiar intensidad también es descanso.

En procesos de liberación emocional, el descanso no es
opcional — es fase necesaria.

Cuando cortas vínculos, sueltas cargas o transformas
patrones, el sistema completo necesita reorganización.
Sin pausa, la integración se debilita.

Descansar después de soltar
protege lo que liberaste.

También es importante recordar que el descanso no siempre se siente dulce al inicio.

Cuando estás acostumbrada a la tensión, la calma puede parecer extraña. Algunas personas incluso se inquietan cuando empiezan a relajarse. No porque esté mal — sino porque es nuevo.

La regulación también se aprende.

Prueba cambiar la narrativa:
En lugar de:
"Hoy no hice suficiente."

Prueba:
"Hoy me sostuve."

En lugar de:
"Perdí tiempo."

Prueba:
"Invertí en regulación."

No necesitas justificar el cuidado.
No necesitas ganarte la pausa.
No necesitas explicar tu reposo.

El cuerpo que descansa se vuelve más claro.
La mente que pausa decide mejor.
El corazón que se regula ama con más verdad.

Descansar no interrumpe el proceso.
Lo fortalece.

Y permitirte sostén —
también es amor propio.

Ritual 2
Baño de abrazo corporal y auto-sostén

Intención del ritual

Este ritual está diseñado para fortalecer la sensación de sostén interno y seguridad corporal.

No se orienta a limpiar ni a liberar — se orienta a acompañarte. Es especialmente útil cuando hay sensibilidad emocional, sensación de soledad, vulnerabilidad o necesidad de contención.

El eje de este ritual no es el agua — es el contacto consciente.
El cuerpo calmado por sí mismo aprende que no está solo.

El auto-sostén no reemplaza el apoyo externo, pero lo complementa.

Le enseña al sistema nervioso que también puede recibir calma desde dentro.

Cuándo realizarlo

- cuando te sientes emocionalmente sensible
- después de llorar
- cuando necesitas contención
- en días de fragilidad
- cuando aparece sensación de vacío
- después de cortar o liberar vínculos
- cuando extrañas sostén externo

Ideal hacerlo sin prisa y sin interrupciones.

Elementos

- agua tibia
- aceite suave o jabón cremoso
- aroma calmante (lavanda, manzanilla o neutro)
- toalla suave
- música tranquila opcional

Preparación

Antes de entrar a la ducha o baño, coloca ambos brazos cruzados sobre tu pecho — como si te abrazaras — durante 20 segundos.

Respira lento.

Di:
"Voy a sostenerme con respeto."
No lo digas rápido. Dilo presente.

Aplicación

Realiza tu higiene normal primero.

Luego, reduce la presión del agua y la velocidad de tus movimientos. Aplica el jabón o aceite con movimientos lentos y envolventes — no mecánicos.

Masajea:
hombros
brazos
pecho
abdomen
piernas
Como si estuvieras cuidando a alguien querido.

Contacto consciente

Mientras masajeas brazos y hombros, repite:

"No me abandono cuando estoy sensible."
"Me acompaño."

Coloca una mano sobre el corazón y otra sobre el abdomen durante unos momentos bajo el agua.

Respira profundo.

Ritmo

Haz cada movimiento un poco más lento de lo normal. El ritmo comunica seguridad al sistema nervioso.

Lento = seguro
Suave = permitido
Presente = sostenido

Integración

Al terminar, envuélvete en la toalla sin secarte de inmediato. Permanece así unos segundos — gesto de abrigo simbólico.

Siéntate si puedes.

Coloca ambas manos sobre tus costillas y siente tu respiración.

Cierre
Di en voz baja:

"No necesito estar fuerte para ser digna de cuidado."
Respira.

Variaciones

Si no puedes bañarte:
aplica crema corporal con el mismo gesto lento.

Si estás muy cansada:
realiza solo brazos y pecho — suficiente.

Si hay resistencia al auto-contacto:
comienza por manos — zona más neutra.

Después del ritual

- evita estímulos agresivos
- no te expongas a conversaciones tensas
- mantén tono bajo en tu entorno
- hidrátate
- descansa si puedes
Nota consciente

El auto-sostén no es reemplazo de vínculo — es base de estabilidad. Quien puede sostenerse, se vincula desde elección, no desde necesidad urgente.

El cuerpo que aprende a abrazarse
reduce su miedo a sentirse solo.

Ritual 3 Vapor suave de consuelo y apertura del pecho

Intención del ritual

Este ritual utiliza vapor tibio y respiración consciente para generar sensación de consuelo y apertura emocional suave. Está orientado a momentos de tristeza, sensibilidad o necesidad de alivio interior. No busca liberar intensidad — busca ablandar.

El vapor aquí no descarga — reconforta.
El objetivo no es soltar — es permitir sentir sin dureza.

El calor húmedo en el área del pecho y la respiración lenta ayudan al sistema nervioso a salir de la rigidez emocional y entrar en estado de ternura regulada.

Cuándo realizarlo

- cuando hay tristeza suave
- cuando sientes el pecho cerrado
- en momentos de nostalgia
- cuando necesitas consuelo
- después de recordar algo doloroso
- cuando quieres llorar con sostén
- en días de sensibilidad emocional

No realizar si tienes fiebre o dificultad respiratoria activa.

Preparación

Coloca la hierba en el recipiente y vierte el agua
caliente. Espera un minuto para que el vapor baje a
intensidad confortable.

Siéntate frente al recipiente. Coloca la toalla sobre tu
cabeza y hombros formando una tienda de vapor.

Antes de inclinarte, coloca una mano sobre tu pecho y
di:

"No me apresuro a estar bien.
Me acompaño."

Aplicación

Inclina el rostro a distancia segura. El vapor debe
sentirse tibio, no agresivo.

Respira por la nariz — lento — y exhala por la boca —
más lento aún.

Permanece de 3 a 6 minutos.

No fuerces respiración profunda. Permite respiración
suave.

Palabras de consuelo

Repite internamente:

"Estoy aquí contigo."
"No te apuro."
"No estás sola dentro de ti."

Si surge llanto, permite. El ritual sostiene — no
interrumpe.

Integración

Retira la toalla lentamente.

Coloca ambas manos sobre el pecho y presiona suave
durante 20 segundos.

El contacto completa el consuelo.

Cierre

Desecha el agua cuando enfríe.
Lava el recipiente — gesto de cierre simple.

Bebe agua tibia después.

Variaciones

Si no toleras vapor facial:
coloca el recipiente cerca y respira el ambiente.

Si no tienes hierbas:
usa solo agua caliente — válido.

Si estás muy sensible:
reduce a 2 minutos — suficiente.

Después del ritual

- evita exigirte ánimo inmediato
- no te distraigas compulsivamente
- permite quietud
- escribe si lo necesitas
- descansa

Nota consciente

El consuelo no debilita — regula.

El sistema que se siente acompañado puede atravesar
emociones sin colapsar.

Ablandar el pecho
también es forma de fortaleza.

Aprender a recibir cuidado

Para muchas personas, cuidar es más fácil que recibir cuidado. Dar se siente natural. Sostener a otros parece automático.

Pero cuando llega el momento de recibir atención, ayuda o ternura, aparece incomodidad. Rigidez. Resistencia silenciosa.

No porque no lo necesiten —
sino porque no lo aprendieron.

Recibir cuidado también es una habilidad emocional.

Algunas historias personales enseñaron, directa o indirectamente, que necesitar era molestar, que pedir era debilidad, que depender era peligroso, que mostrarse vulnerable era arriesgado.

Con el tiempo, esa adaptación se volvió identidad: yo resuelvo sola, yo puedo, yo no necesito.

Y aunque esa fortaleza sostuvo etapas difíciles, también puede impedir la nutrición emocional cuando ya es segura y necesaria.

El sistema nervioso no solo necesita dar regulación — necesita recibirla. El cuerpo no solo necesita sostener — necesita ser sostenido.

La psique no solo necesita comprender — necesita sentirse acompañada.

Recibir no te hace menos capaz.
Te hace más completa.

Existe también otra forma más sutil de resistencia:
aceptar cuidado externo pero no permitir cuidado
interno.

Personas que ayudan a todos, aceptan apoyo ocasional,
pero se hablan con dureza constante. Se exigen, se
corrigen, se presionan — incluso mientras "se cuidan".

Eso no es nutrición.
Es auto-control con apariencia de cuidado.

El verdadero sostén incluye tono interno amable.

Recibir cuidado de ti misma implica:

hablarte con respeto
bajar la autoexigencia en días frágiles
permitir descanso sin negociación
usar gestos de ternura corporal
no minimizar tu dolor
no burlarte de tu sensibilidad

También implica dejar que otros estén cuando
corresponde — sin sentir deuda automática.

Cuidado recibido no es deuda.
Es intercambio humano sano.

Si te cuesta recibir, comienza pequeño. No fuerces
apertura total. Practica micro-recepciones:

aceptar un gesto sin justificarte
decir "gracias" sin devolver de inmediato
recibir descanso sin compensar luego
permitir abrazo sin tensarte
dejarte cuidar cuando estás cansada

La capacidad de recibir sostiene la capacidad de sanar.

Los rituales de este capítulo no solo son actos que tú
haces — son espacios donde te permites ser sostenida
por el momento, por el ritmo, por el gesto, por tu
propia presencia.

No todo cuidado debe ganarse.
Algunos deben permitirse.

Recibir ternura no te quita fuerza.
Te quita dureza innecesaria.

Y la dureza innecesaria
no es fortaleza — es defensa vieja.

Ritual 4 Baño de reposición suave con leche y miel simbólica

Intención del ritual

Este ritual está orientado a la reposición emocional y la restauración de sensación de merecimiento. Utiliza elementos simbólicamente nutritivos — leche y miel — para representar cuidado, dulzura y sostén. No limpia ni corta: repone.

Es un ritual para momentos en que te sientes vacía, desgastada o con el corazón sensible. Su propósito es recordarle al cuerpo que también puede recibir suavidad.

No es indulgencia.
Es nutrición simbólica.

La leche representa alimento primario y cuidado básico.
La miel representa dulzura disponible y reparación lenta.

Cuándo realizarlo

- después de procesos intensos de liberación
- cuando te sientes emocionalmente gastada
- en días de tristeza suave
- cuando necesitas recordar merecimiento
- después de darte demasiado a otros
- cuando necesitas gesto de ternura concreta

Ideal realizarlo sin prisa y en ambiente tranquilo.

Elementos

- agua tibia
- 2–4 cucharadas de leche (o vegetal)
- 1 cucharada de miel
- manzanilla o vainilla suave (opcional)
- recipiente para mezclar
- toalla cómoda
- ropa suave para después

Preparación

Mezcla la leche y la miel en el recipiente con un poco de agua tibia hasta disolver.
Mientras mezclas, di:

"No me doy sobras.
Me doy cuidado."

Observa el gesto — es parte del ritual.

Aplicación — versión baño

Realiza primero tu higiene normal.

Agrega la mezcla al agua de la bañera o úsala como vertido final desde hombros hacia abajo.
Permanece de 10 a 15 minutos en contacto con el agua tibia.
Mantén respiración lenta.

Aplicación — versión ducha

Al final del baño, vierte la mezcla lentamente sobre brazos, pecho y abdomen.
No en el rostro.
Reduce la presión del agua durante el vertido.

Contacto de merecimiento

Coloca una mano en el corazón y repite:

"También merezco suavidad."
"No solo doy — recibo."
Respira.

Si aparece emoción, permite sin análisis.

Integración sensorial

Presta atención a la textura, temperatura y aroma. La nutrición también entra por los sentidos.
No te apures enjuagando.

Cierre

Enjuaga suavemente con agua tibia.
Sécate con presión ligera, no fricción fuerte.
Vístete con ropa que se sienta amable al tacto.

Variaciones

Si no tienes miel:
usa solo leche.

Si no tienes leche:
usa avena en infusión.

Si no puedes bañarte:
aplica crema dulce en brazos y pecho con el mismo gesto consciente.

Después del ritual

- evita ambientes agresivos
- no entres a discusiones
- hidrátate
- come algo nutritivo si lo necesitas
- permite descanso

Nota consciente

Recibir dulzura no te vuelve débil. Te vuelve regulada.
El sistema nutrido toma mejores decisiones que el
sistema agotado.

No todo se sana soltando.
Mucho se sana recibiendo.

Merecimiento sin rendimiento

A muchas personas les enseñaron — de forma directa o silenciosa — que el cuidado se gana.

Que el descanso viene después de producir. Que la ternura es premio por aguantar. Que primero se cumple, se resiste, se rinde… y luego, si queda algo, se recibe.

Ese modelo crea una herida invisible: convierte el cuidado en recompensa, no en necesidad.

Pero tu sistema emocional no funciona por premios. Funciona por nutrición.

No necesitas rendir para merecer sostén.
No necesitas agotarte para permitirte suavidad.
No necesitas demostrar fortaleza para recibir cuidado.

El merecimiento no es salario emocional.
Es condición humana.

Cuando el cuidado depende del rendimiento, aparecen patrones que se sienten "normales" pero desgastan profundamente: solo te permites parar cuando estás al límite, solo te hablas con amabilidad cuando logras algo, solo te das permiso de sentirte suficiente cuando cumples expectativas. El resto del tiempo — te empujas, te corriges, te exiges.

Eso no es disciplina consciente.
Es autoabandono disfrazado de responsabilidad.

El amor propio regulado no dice:
"Me cuido porque hoy hice mucho."

Dice:
"Me cuido porque soy humana."

También es importante observar cómo este patrón
contamina el descanso. Si necesitas justificar cada
pausa, el cuerpo nunca descansa de verdad. Si
conviertes el sostén en premio, pierdes su poder
reparador.

Cuidarte antes del colapso
es sabiduría — no debilidad.

Puede aparecer una voz interna que protesta:

"Si bajo el ritmo, perderé avance."
"Si me trato suave, me volveré floja."
"Si no me presiono, no creceré."

Pero el crecimiento sostenible no nace de la presión
constante. Nace de ciclos sanos: esfuerzo → pausa →
integración → avance. Sin pausa, no hay integración.
Sin integración, no hay cambio profundo.

Los sistemas regulados sostienen progreso.
Los sistemas forzados sostienen urgencia.

Merecimiento sin rendimiento también significa
permitirte días bajos sin castigo interno. Sensibilidad
sin vergüenza. Lentitud sin culpa. Necesidad sin
discurso defensivo.

No todo valor es productivo.
Mucho valor es simplemente vivo.

Prueba decir — en voz baja — esta frase:

"No tengo que ganarme el cuidado.
Puedo sostenerme hoy."

Si algo dentro de ti se resiste, no lo fuerces.
Solo nota.
Ahí hay historia.
Y donde hay historia, puede haber reparación.

El merecimiento no empieza cuando logras.
Empieza cuando te reconoces.

Sostenerte también es avanzar

Durante mucho tiempo se ha confundido el avance con el esfuerzo visible: hacer más, moverse más, resolver más, demostrar más.

Pero existe una forma de progreso que no siempre se ve desde afuera y, sin embargo, transforma profundamente por dentro: aprender a sostenerte.

Este capítulo no te pidió cortar ni soltar.
Te pidió quedarte contigo.

Después de limpiar y liberar, el sistema necesita algo que muchas veces no recibió: trato amable, ritmo lento, contacto seguro, nutrición emocional. Sin esa fase, la sanación queda incompleta — como una herida que se limpia pero no se cubre.

El sostén no es pausa del camino.
Es parte del camino.

Aquí practicaste calma, descanso, consuelo, auto-contacto y reposición simbólica. Gestos simples, pero profundamente reguladores para un cuerpo acostumbrado a exigirse y postergarse. Cada uno de esos actos comunica un mensaje esencial:

"No tengo que estar en alerta para estar a salvo."
"No tengo que romperme para merecer cuidado."
"No tengo que rendir para recibir ternura."

Eso es reeducación emocional.

Tal vez no sentiste cambios dramáticos. Tal vez sentiste algo más silencioso: una respiración más amplia, menos dureza en el pecho, más permiso para bajar el ritmo. No subestimes esos cambios. La regulación es discreta — y poderosa.

Sostenerte también implica dejar de tratarte como proyecto permanente y empezar a tratarte como presencia viva. No siempre necesitas corregirte. A veces necesitas acompañarte. No siempre necesitas exigirte más. A veces necesitas suavizar.

La autoexigencia constante agota.
El auto-sostén fortalece.

Desde un sistema más regulado, el amor propio cambia de forma. Ya no nace de la urgencia por sentirte suficiente. Nace de la experiencia de habitarte con respeto. Y desde ahí, lo dulce no es evasión — es expresión.

Eso es lo que viene ahora.

El siguiente movimiento no será limpiar, ni cortar, ni solo sostener. Será abrirte a la dulzura consciente, al cuidado expansivo, a los rituales de amor propio que celebran, embellecen y energizan.

Pero esa expansión será más estable — porque ahora tiene base.

Antes de continuar, haz una pausa breve.

Respira lento.
Coloca una mano en tu corazón.

Reconoce en silencio:

Sé soltar.
Sé poner límites.
Sé sostenerme.

Estoy aprendiendo a cuidarme completa.

Y ese aprendizaje — ya es amor propio en acción.

Cuando el sistema se siente sostenido, puede abrirse
sin defensa.

Desde ese lugar nace la dulzura consciente.

Capítulo 4

Rituales dulces de amor propio y expansión

Después de limpiar, cortar y sostener, llega una fase distinta del camino interior: la expansión. No como euforia desbordada ni como positividad forzada — sino como apertura consciente a lo dulce, lo bello y lo vivificante.

El amor propio no es solo regulación y límite.
También es placer sano.
Presencia encarnada.
Gozo permitido.

Muchas personas aprenden a sobrevivir emocionalmente, pero no a disfrutarse. Aprenden a sostenerse, pero no a celebrarse.
Aprenden a no romperse — pero no a florecer. Este capítulo existe para abrir esa dimensión.

Aquí entramos en rituales que no descargan ni cortan — activan.

Suavizan, embellecen, despiertan sensibilidad, merecimiento y conexión con el cuerpo como territorio digno de placer respetuoso.

No hablamos de seducción hacia afuera.
Hablamos de presencia hacia adentro.

El amor propio dulce no es evasión espiritual. No es "tapar" dolor con flores y miel. Por eso este capítulo viene después de los procesos de limpieza, liberación y sostén. Primero se ordena el terreno — luego se siembra dulzura.

Estos rituales trabajan con:

agua y flores
aromas suaves
miel y canela simbólica
aceites
luz cálida
contacto consciente
palabra afirmativa
belleza ritual

No buscan que te vuelvas alguien distinta.
Buscan que habites con más placer quien ya eres.

Antes de comenzar, declara internamente:

"No solo me cuido — también me celebro."

Respira.

Comenzamos con un ritual clásico de amor propio encarnado y sensualidad consciente — no para atraer a otros, sino para volver a ti.

Ritual 1
Baño de Afrodita — amor propio, sensualidad consciente y merecimiento

Intención del ritual
Este baño simboliza reconexión con tu belleza interna, tu sensibilidad corporal y tu capacidad de habitarte con placer respetuoso.

No es un ritual de atracción externa — es de magnetismo interno. Es una invitación a volver a tu cuerpo con aprecio, presencia y dulzura.

Afrodita aquí no representa perfección estética. Representa presencia sensual consciente.

Sensualidad no es exhibición.
Es sensibilidad despierta.

Día sugerido de práctica

Tradicionalmente este baño se asocia con el viernes, por su relación simbólica con la energía de Venus — arquetipo del amor, la belleza, el placer y el magnetismo.

Practicarlo en viernes puede ayudarte a entrar con más intención en ese lenguaje simbólico de auto-valoración y dulzura corporal.

Sin embargo, no es una regla rígida.

Puedes realizarlo cualquier día en que necesites reconectar contigo, recordar tu merecimiento o abrir espacio de amor propio encarnado. El día acompaña — la intención sostiene.

Cuándo realizarlo

- cuando deseas reconectar con tu feminidad
- cuando te has sentido desconectada de tu cuerpo
- en etapas de reconstrucción de autoestima
- cuando quieres recordarte atractiva para ti
- al abrir una etapa de amor propio
- en un "encuentro contigo" consciente

Ideal realizarlo de noche o en un momento sin prisa.

Elementos

- agua tibia
- pétalos de rosa u otras flores suaves
- miel
- canela en pequeña cantidad
- aceite corporal o de almendra
- vela cálida
- aroma floral suave (opcional)

Preparación

Mezcla una cucharada de miel con una pizca de canela
en agua tibia.

Mientras mezclas, di:

"Me reconozco digna de dulzura."

Coloca las flores cerca o dentro del agua.
Enciende la vela como gesto de ambiente y presencia
— no de petición.

Aplicación — baño

Realiza higiene normal primero.

Agrega flores al agua o vierte la mezcla dulce
lentamente sobre hombros y pecho al final del baño.

Permanece presente en las sensaciones.
No te observes con juicio — con curiosidad.

Aplicación — ducha

Vierte la mezcla dulce lentamente desde cuello hacia
abajo.

Coloca algunos pétalos en un recipiente visible o en el
suelo de la ducha como símbolo sensorial.

Contacto sensual consciente

Aplica aceite corporal con movimientos lentos en:

brazos
clavículas
abdomen
piernas

No mecánico — apreciativo.

Palabras de activación

Repite:

"Mi cuerpo es digno de placer respetuoso."
"Habitarme es un privilegio."
"Soy presencia viva, no objeto de juicio."

Integración

Mira tu reflejo unos segundos después del baño — sin
corregirte — solo reconociéndote.

Respira.

Cierre

Apaga la vela con suavidad.

Vístete con algo que te haga sentir cómoda y bella —
aunque nadie te vea.

Nota consciente

Este ritual no busca cumplir estándares externos de
belleza. Busca restaurar la relación íntima contigo
como experiencia valiosa.

El amor propio también se practica
disfrutándote.

Sensualidad no es exhibición

La palabra sensualidad ha sido malinterpretada
durante mucho tiempo. Se ha reducido a apariencia, a
provocación, a mirada externa.

Se ha asociado con ser vista, deseada o validada por
otros. Pero la sensualidad consciente no nace de la
mirada ajena — nace de la experiencia interna.

Sensualidad es sensibilidad despierta.
Capacidad de sentir con presencia.

Es relación con el cuerpo, con los sentidos, con el placer
respetuoso de habitar la piel, el movimiento, el aroma,
la temperatura, la textura.

No necesita público.
No necesita aprobación.
No necesita performance.

Cuando la sensualidad depende de la mirada externa,
se vuelve tensión. Cuando nace de la percepción
interna, se vuelve hogar.

Muchas mujeres aprendieron a desconectarse de su
sensualidad para sentirse seguras, respetadas o
aceptadas.

O aprendieron a usarla como herramienta de
validación.

En ambos casos, la relación queda afuera. Este capítulo
propone traerla de regreso adentro.

Sensualidad no es exponerte.
Es sentirte.

Puede expresarse en gestos simples:

disfrutar el agua sobre la piel
oler una flor con atención
aplicar aceite lentamente
caminar con presencia
elegir una tela suave
saborear con pausa
respirar profundo

Nada de eso es exhibición. Todo eso es conexión.

También es importante separar sensualidad de
sexualización. La sexualización es mirada externa
cargada de intención ajena.

La sensualidad consciente es percepción propia
cargada de presencia. Una invade.

La otra habita.

Tu cuerpo no existe para ser observado.
Existe para ser vivido.

Si en algún momento al practicar rituales dulces
aparece vergüenza, incomodidad o juicio interno, no te
obligues a "sentirte segura" de inmediato.

Observa con respeto.

Muchas veces esa incomodidad es señal de reconexión
en proceso.

La sensibilidad regresa por capas.

La sensualidad consciente también tiene límites. No
exige exposición, ni comparación, ni aprobación social.

Puede ser completamente privada.
De hecho, al inicio suele serlo. Es un lenguaje íntimo.

Pregúntate:

¿Cómo se siente habitar mi cuerpo sin evaluarlo?
¿Cómo se siente tocar mi piel sin corregirla?
¿Cómo se siente moverme sin mirarme desde afuera?

Ahí comienza la sensualidad real.

No es espectáculo.
Es presencia.

No es provocación.
Es percepción.

Y cuando la percepción vuelve —
el amor propio se vuelve más encarnado.

Ritual 2
Baño de flores de merecimiento y apertura del corazón

Intención del ritual
Este ritual utiliza flores y agua tibia como símbolo de apertura emocional, merecimiento y auto-valor. No está enfocado en sensualidad activa — sino en dignidad suave. Es un baño para recordarte que no solo puedes cuidarte: también puedes valorarte.

Las flores aquí no representan adorno — representan reconocimiento.

Reconocer tu valor no es arrogancia.
Es alineación interna.

Este ritual es especialmente útil cuando estás reconstruyendo autoestima, recuperando confianza o aprendiendo a recibir sin culpa.

Cuándo realizarlo

- cuando dudas de tu valor personal
- después de compararte excesivamente
- cuando necesitas recordar merecimiento
- tras etapas de rechazo o desilusión
- en procesos de autoestima
- cuando quieres tratarte con honor

Ideal hacerlo con tiempo suficiente y sin interrupciones.

Elementos

- agua tibia
- pétalos de rosa, jazmín, lavanda o flor suave
disponible
- recipiente para infusión floral (opcional)
- miel (pequeña cantidad opcional)
- vela blanca o rosada
- espejo pequeño (opcional)

Preparación

Coloca las flores en el agua o prepara una infusión
floral suave. Si usas miel, disuelve una cucharadita en
agua tibia.

Antes de entrar al baño, coloca una mano en el centro
del pecho y di:
"No me tolero — me valoro."

Enciende la vela como gesto de reconocimiento, no de
petición.

Aplicación — versión baño

Realiza higiene normal primero.
Agrega flores al agua o vierte la infusión floral al final
del baño.
Permanece de 10 a 15 minutos en contacto con el agua.
Observa colores y aromas sin prisa.

Aplicación — versión ducha

Vierte la infusión floral lentamente desde hombros
hacia abajo.
Coloca algunos pétalos en un recipiente visible cerca —
símbolo presente.

Declaraciones de merecimiento

Repite en voz baja:

"Mi valor no se negocia."
"No necesito probar mi dignidad."
"Soy suficiente en presencia, no en rendimiento."

Respira entre cada frase.

Gesto de reconocimiento

Si usas espejo, mírate unos segundos con expresión
neutral — no crítica — no forzada. Solo
reconocimiento.

Inclina levemente la cabeza como saludo simbólico a ti
misma.

Integración

Coloca ambas manos sobre el corazón durante 30
segundos.
Siente el calor de tus propias manos.
Ese es sostén interno.

Cierre

Apaga la vela con suavidad.
Desecha las flores con respeto — no como basura —
como símbolo cumplido.

Variaciones

Si no tienes flores:
usa té floral.

Si no tienes vela:
usa luz cálida.

Si no puedes bañarte:
lava rostro y pecho con infusión floral.

Después del ritual

- evita comparaciones en redes ese día
- no busques validación externa inmediata
- escribe algo que valores de ti
- mantén tono interno amable

Nota consciente

El merecimiento no aumenta con logros — se revela
con reconocimiento. No es algo que construyes desde
cero; es algo que dejas de negar.

Reconocerte con respeto
también es amor propio.

Belleza sin comparación

La comparación es uno de los hábitos más silenciosamente destructivos para el amor propio.

No siempre se presenta como envidia abierta — muchas veces aparece como ajuste constante: medir, evaluar, corregirse frente a otros.

Mirarse a través de un espejo social en lugar de un espejo interno.

Compararte no te acerca a tu belleza.

Te aleja de tu presencia.

La mente comparativa convierte la belleza en competencia. Y la competencia convierte el cuerpo en proyecto interminable. Siempre falta algo. Siempre sobra algo. Siempre hay alguien "mejor" según un criterio externo cambiante.

Pero la belleza consciente no es ranking.
Es experiencia.

No es posición relativa — es expresión personal.
No es parecer — es habitar.
No es cumplir estándar — es irradiar coherencia entre cómo te sientes y cómo te tratas.

Gran parte del dolor corporal femenino no nace del cuerpo — nace de la comparación repetida. De mirar otras pieles, otras formas, otras edades, otras proporciones, y convertir diferencia en defecto.

Diferencia no es defecto.
Es identidad.

Comparar borra contexto.
No ves la historia del otro cuerpo. No ves genética, proceso, dolor, edición, luz, pose, filtro, selección.

Comparas tu realidad vivida contra una superficie curada. Esa comparación nunca será justa.

La comparación constante produce dos daños:
insuficiencia si "pierdes"
ansiedad si "ganas"
Ninguna trae paz.

El amor propio ritual que estás practicando en este libro propone otra vía: relación en lugar de evaluación.

Sensación en lugar de medición.
Presencia en lugar de juicio.
Prueba este cambio sutil:

En lugar de preguntar:
"¿Me veo mejor que…?"
Pregunta:
"¿Me siento presente en mí?"
En lugar de:
"¿Cómo me comparo?"
Pregunta:
"¿Cómo me habito?"

La belleza encarnada tiene señales distintas:

comodidad en la postura
suavidad en el rostro
respiración visible
movimiento sin rigidez
mirada viva
trato amable hacia el cuerpo

Nada de eso se compara.
Se percibe.

También es válido reconocer que desprogramar la
comparación toma tiempo.

No necesitas eliminarla de inmediato.

Solo necesitas detectarla y no obedecerla
automáticamente.

Cuando notes que aparece, prueba decir:

"No compito — me expreso."

Repite sin pelear contigo.

Tu belleza no necesita ganar para valer.
No necesita parecerse para existir.
No necesita permiso para mostrarse.

La flor no compite con la luna.
Ambas brillan — distinto.

Y distinto —
también es hermoso.

Ritual 3
Baño de canela y miel — energía vital y magnetismo interno

Intención del ritual

Este ritual está orientado a activar energía vital, calidez emocional y magnetismo interno. No es un ritual para "atraer a otros", sino para encender presencia, ánimo y sensación de vida en el cuerpo. Trabaja con elementos cálidos y dulces que simbolizan movimiento, gozo y apertura.

La canela representa fuego suave y dinamismo.
La miel representa dulzura disponible y receptividad.

Juntas simbolizan: energía con ternura.
Movimiento con suavidad.

Día sugerido de práctica

Puede realizarse cualquier día en que necesites levantar ánimo y energía, pero muchas tradiciones simbólicas lo asocian también con viernes (energía de Venus — placer y magnetismo) o domingo (energía solar — vitalidad y brillo personal).

El día acompaña el símbolo — no determina el efecto.
La intención sigue siendo el centro.

Cuándo realizarlo

- cuando te sientes apagada
- en días de baja energía emocional
- cuando quieres activar entusiasmo
- antes de iniciar una nueva etapa
- cuando deseas reconectar con tu chispa personal
- después de periodos de desánimo

No realizar si tienes piel muy sensible a la canela —
usa versión suave.

Elementos

- agua tibia
- 1 cucharada de miel
- pizca pequeña de canela en polvo
- aceite corporal (opcional)
- vela cálida (opcional)

Preparación

Mezcla la miel con la pizca de canela en agua tibia
hasta diluir.

Mientras mezclas, di:
"Activo mi energía con suavidad."

Observa el aroma — es parte del estímulo sensorial.
Enciende la vela si deseas crear ambiente cálido.

Aplicación — versión baño

Realiza higiene normal primero.

Agrega la mezcla al agua de la bañera o úsala como vertido final desde hombros hacia abajo.

Permanece 10–12 minutos en agua tibia.
Respira más profundo de lo habitual.

Aplicación — versión ducha

Vierte la mezcla lentamente sobre pecho, hombros y brazos al final del baño.

Evita rostro y zonas sensibles.

Activación corporal
Frota suavemente brazos y piernas con las manos después del vertido — movimiento ascendente — gesto de activación.

Repite: "Mi energía se enciende." "Mi presencia se expande."

Integración
Coloca una mano en el pecho y otra en el abdomen.
Respira más amplio durante 6 ciclos.
Permite sensación de calor suave.

Cierre
Enjuaga ligeramente con agua tibia.
Apaga la vela con calma.
Vístete con colores o texturas que te hagan sentir viva.

Variaciones

Si tu piel es sensible: usa solo miel.
Si no tienes canela: usa jengibre muy suave o solo
intención.
Si no puedes bañarte: aplica crema con una pizca de
canela diluida primero en aceite.

Después del ritual

- mueve el cuerpo suavemente
- escucha música que eleve
- evita ambientes pesados
- inicia algo pequeño que te entusiasme

Nota consciente

El magnetismo real no es atraer miradas — es irradiar
presencia. La energía vital se siente antes de verse.

Encender tu energía también es amor propio.

Placer sin culpa

El placer ha sido, para muchas personas —
especialmente mujeres — un territorio vigilado.

Permitido solo en medida moderada, condicionado al
deber cumplido, aceptado si es útil para otros,
cuestionado si es propio. Con el tiempo, esa vigilancia
externa se convierte en freno interno.

Entonces aparece la culpa al disfrutar.
La justificación al gozar.
La prisa por compensar.

Pero el placer consciente no es desorden.
Es regulación nutritiva.

No hablamos de exceso evasivo ni de impulsividad sin
límite. Hablamos de placer presente, respetuoso,
encarnado: disfrutar una sensación, una textura, un
aroma, un momento de bienestar sin necesidad de
pedir permiso interno.

El sistema nervioso también se repara a través del
placer seguro.

Sentir agrado no te distrae del crecimiento — lo
sostiene. El cuerpo que experimenta placer regulado
produce menos cortisol, respira mejor, decide con más
claridad y se relaciona con menos miedo.

El placer sano no debilita la disciplina.
Reduce la dureza innecesaria.

Muchas culpas asociadas al placer nacen de viejas narrativas: "si lo disfrutas, no es serio", "si te gusta, es superficial", "si te das gusto, es egoísta".

Pero observa con honestidad: ¿cuántas veces negarte placer te hizo más sabia — y cuántas te hizo más tensa?

Negarte constantemente no te eleva.
Te contrae.

También es importante distinguir placer consciente de anestesia.

El placer consciente te deja más presente después. La anestesia te deja más desconectada.

Uno expande percepción. La otra la adormece.

Puedes preguntarte:

Después de esto, ¿me siento más viva — o más apagada?
¿Más presente — o más evitativa?

Esa diferencia orienta.

Permitir placer también entrena merecimiento.

Le dice a tu interior: no todo lo bueno tiene que doler antes. No toda dulzura debe pagarse con sacrificio.

No todo disfrute requiere justificación.

Empieza pequeño:

disfrutar el agua caliente
oler una flor con pausa
usar una tela suave
comer despacio algo que te gusta
sentarte al sol unos minutos
aplicar aceite con atención

Sin explicarte. Sin defenderte. Sin compensar.

El placer no es premio por sufrir.
Es parte de estar viva.

Cuando el placer deja de dar culpa — empieza a dar presencia.

Y la presencia disfrutada… también es amor propio.

Ritual 4 Ritual de espejo y palabra amorosa

Intención del ritual
Este ritual está diseñado para fortalecer la relación directa contigo a través de la mirada consciente y la palabra hablada. No es un ejercicio de auto-evaluación — es un acto de reconocimiento. Su propósito no es corregir tu imagen, sino restaurar tu vínculo contigo.

Mirarte no para juzgarte.
Mirarte para encontrarte.

Muchas personas se miran todos los días — pero no se ven. Ajustan, revisan, corrigen, comparan. Este ritual cambia la función del espejo: de instrumento de crítica a espacio de encuentro.

La palabra amorosa dicha en voz audible tiene efecto regulador. El cuerpo responde distinto cuando escucha cuidado dirigido hacia sí.

Cuándo realizarlo

- cuando tu autoestima está baja
- después de compararte mucho
- cuando te hablaste con dureza
- antes de una etapa nueva
- cuando necesitas reconectar contigo
- como práctica semanal de amor propio

Ideal hacerlo en privado y sin prisa.

Elementos
- espejo (mediano o de cuerpo si es posible)
- luz suave
- vela opcional
- aceite o crema para manos (opcional)
- papel con frases guía (opcional)

Preparación
Coloca el espejo a la altura de tus ojos. Ajusta la luz
para que sea amable, no agresiva.

Si decides usar vela, enciéndela como símbolo de
presencia — no de ritual mágico.

Coloca una mano sobre tu pecho y respira lento tres
veces.

Di: "Me dispongo a verme con respeto."

Aplicación

Mira tu rostro en silencio durante 20–30 segundos. No
corrijas postura. No acomodes gestos. Solo observa.

Si aparece juicio, no luches — nómbralo internamente:
juicio — y vuelve a mirar.
Luego pronuncia en voz audible tu nombre.

Después, di 3 frases de reconocimiento. Ejemplos:

"No te abandono."
"Eres valiosa."
"No tienes que ser perfecta para ser digna."
"Tu esfuerzo cuenta."
Elige las que sean verdaderas — no forzadas.

Variaciones

Si mirar directo es muy intenso:
comienza mirando solo tus manos o tu sonrisa.

Si hablar cuesta:
lee frases escritas.

Si hay emoción:
permite — es señal de contacto real.

Tiempo de integración

Permanece unos momentos más mirándote con
suavidad, sin decir nada.

Si lo deseas, coloca un poco de crema o aceite en tus
manos y frótalas lentamente como gesto de cuidado
físico consciente.

Respira y permite que el cuerpo registre la experiencia
de ser mirado sin exigencia.

Cierre del ritual

Inclina ligeramente la cabeza o coloca la mano en el
corazón y di:

"Gracias por sostenerte."
"No camino contra ti — camino contigo."

Apaga la vela si la usaste.

Retírate sin revisar defectos ni ajustar tu imagen.
El encuentro ya ocurrió.

Después del ritual

- evita espejos críticos ese día
- no te peses ni te midas
- evita diálogo interno punitivo
- si surge autocrítica, responde con una de las frases
usadas
- registra la experiencia si lo deseas

Nota consciente

El amor propio no siempre empieza sintiéndose —
muchas veces empieza hablándose.
La palabra repetida con verdad reeduca el vínculo
interno.

Ser vista por ti
también es sanación.

Hablarte bonito también es disciplina emocional

Existe una idea equivocada muy extendida: que hablarse con amabilidad es debilidad, autoengaño o falta de exigencia. Como si la dureza fuera la única voz capaz de producir crecimiento. Como si la crítica constante fuera sinónimo de responsabilidad.

Pero la evidencia emocional muestra otra cosa:
la dureza continua desgasta — no fortalece.

Hablarte bonito no es mentirte.
Es regularte.

La disciplina emocional no consiste en tratarte mal para obligarte a mejorar. Consiste en sostener un lenguaje interno que te permita corregir sin destruirte, avanzar sin humillarte, aprender sin atacarte.

El tono interno importa más de lo que parece.

Dos personas pueden cometer el mismo error. Una se dice:
"Soy un desastre, nunca aprendo."
La otra se dice:
"Me equivoqué — voy a ajustar."

Ambas reconocen el error. Solo una protege su sistema nervioso al hacerlo.

La voz interna dura activa defensa.
La voz interna firme activa aprendizaje.

Muchas voces críticas internas no nacieron dentro —
fueron aprendidas.

Frases escuchadas, gestos recibidos, exigencias
repetidas.

Con el tiempo, se volvieron automáticas. Por eso
cambiar el lenguaje interno se siente extraño al inicio.

No porque sea falso — sino porque es nuevo.

La amabilidad interna no elimina la responsabilidad.
La hace sostenible.

Hablarte bonito no significa evitar la verdad. Significa
decir la verdad sin violencia innecesaria.

Significa no añadir insulto al ajuste.

No añadir vergüenza al aprendizaje. No añadir
desprecio al proceso.

Puedes ser honesta y amable a la vez.

Ejemplos de cambio de tono:

En lugar de:
"No sirvo para esto."
Prueba:
"Todavía estoy aprendiendo esto."

En lugar de:
"Siempre arruino todo."
Prueba:
"Esta vez no salió — reviso y sigo."

En lugar de:
"Debería poder con todo."
Prueba:
"Tengo límites — y los respeto."

Eso no es suavizar la verdad.
Es sostenerte mientras la enfrentas.

También es útil recordar que te hablas contigo más
veces al día que cualquier otra persona.

Tu voz interna es ambiente psicológico.

Si ese ambiente es hostil, el sistema vive en tensión constante. Si es firme y amable, el sistema coopera.

La disciplina real no es gritarte.
Es acompañarte con constancia.

Hablarte bonito requiere práctica.

Requiere detectar el juicio automático y corregir el tono. Una y otra vez.

Eso es disciplina emocional: repetición consciente de trato digno.

No necesitas convertirte en tu animadora artificial.
Solo dejar de ser tu agresora habitual.

La forma en que te hablas
modela la forma en que te sostienes.

Y sostenerte bien — también es amor propio.

Celebrarte también es sanación

Durante mucho tiempo te enseñaron a corregirte antes
que celebrarte. A notar lo que falta antes que lo que
florece. A exigirte mejora antes de reconocerte avance.
Por eso, para muchas personas, la celebración propia se
siente extraña — incluso incómoda.

Pero celebrarte no es exceso de ego.
Es reconocimiento consciente de vida.

En este capítulo entraste en una dimensión distinta del
amor propio: no solo el que limpia, no solo el que
corta, no solo el que sostiene — sino el que disfruta,
honra y activa. El amor propio que se permite placer
respetuoso, belleza encarnada, palabra amable y
presencia sensual consciente.

Celebrarte no niega tus procesos.
Los integra.

No significa que todo esté resuelto. Significa que lo que
ya has caminado merece ser visto. Que tu esfuerzo
interno cuenta. Que tu sensibilidad no es defecto. Que
tu cuerpo no es proyecto — es hogar.

Los rituales dulces no fueron decoración espiritual.
Fueron entrenamiento de permiso. Permiso para sentir,
para disfrutar, para habitarte sin juicio constante.
Permiso para experimentar el cuerpo como territorio
de experiencia — no de corrección.

Hay una forma de sanación que ocurre cuando dejas
de relacionarte contigo solo desde el problema y
comienzas a relacionarte también desde el aprecio.

Aprecio por tu resistencia.
Aprecio por tu aprendizaje.
Aprecio por tu honestidad.
Aprecio por tu capacidad de volver a ti.

Celebrarte también reorganiza la identidad. Dejas de
verte solo como alguien "en proceso" y comienzas a
verte como alguien "en valor".

No porque ya llegaste — sino porque ya eres.

No necesitas esperar la versión final de ti para tratarte
con honor. La versión presente ya es digna de respeto.

La celebración consciente no es ruido ni exhibición.
Puede ser silenciosa. Íntima. Ritual. Un baño con flores.
Una palabra frente al espejo. Una vela encendida para
ti. Un gesto de ternura sin testigos.

La celebración privada también transforma.

Antes de cerrar este capítulo, haz una pausa breve.

Respira lento.
Coloca una mano en tu corazón y otra en tu abdomen.

Di en voz baja:

Me reconozco.
Me honro.
Me celebro en proceso.

No cuando termine — ahora.

Porque la sanación no solo ocurre cuando sueltas lo
que duele. También ocurre cuando permites lo que
nutre. Cuando aceptas lo que florece. Cuando disfrutas
lo que eres.

Celebrarte no interrumpe tu crecimiento.
Lo fortalece.

Y permitirte brillo propio —
también es amor profundo.

Después de habitar la suavidad, llega el momento de
declarar dirección.

El fuego no reemplaza el cuidado — lo afirma.

Capítulo 5
Rituales con velas y fuego consciente

El fuego ha acompañado a la humanidad desde antes del lenguaje escrito. Calienta, ilumina, transforma y marca transición.

Por eso aparece de forma natural en los rituales simbólicos: no como magia externa, sino como metáfora viva de cambio interno.

Una vela no "hace" el trabajo por ti.
Pero ayuda a marcar el momento en que decides hacerlo.

Encender una vela con intención crea foco.

El ojo mira la llama, la respiración baja, el pensamiento se organiza. El sistema nervioso reconoce señal de pausa consciente.

En ese estado, la palabra, la decisión y el gesto simbólico penetran más profundo.

Este capítulo reúne prácticas con velas desde un marco responsable y consciente.

No son actos de control externo ni de manipulación de resultados.
Son actos de dirección interna.

El fuego ritual aquí significa:

claridad
decisión
transformación
presencia
declaración
cierre
activación

No trabajaremos desde superstición rígida.

No necesitas creer que el fuego "mueve fuerzas invisibles" para que el ritual tenga efecto psicológico y emocional.

El símbolo funciona porque el cuerpo y la mente responden a los símbolos cuando hay intención clara.

Marco consciente de práctica con velas

Antes de comenzar, algunas bases importantes:

Una vela no reemplaza decisiones reales.
No sustituye conversaciones necesarias.
No evita procesos emocionales.
No resuelve lo que requiere acción concreta.

La vela acompaña — no ejecuta.

El ritual con fuego funciona mejor cuando:

- la intención es clara
- la emoción está regulada
- no estás en crisis activa
- hay decisión previa
- el gesto es simple
- el cierre es consciente

La seguridad también es parte del ritual.

Colores y simbolismo (marco flexible)

El color puede acompañar intención simbólica — sin rigidez:

vela blanca — claridad, limpieza, inicio
vela negra — límite, corte, cierre
vela rosada — amor propio, ternura
vela roja — energía vital, activación
vela dorada — merecimiento, valor
vela azul — calma, regulación
vela verde — crecimiento, renovación

Si no tienes el color — usa blanca.
La intención pesa más que el pigmento.

Antes de cada ritual con vela en este capítulo, repite internamente:

"El símbolo acompaña.
La decisión es mía."

Respira.

Comenzamos con la práctica base que sostiene todas las demás:

Ritual 1
Encendido de vela de claridad e intención

Intención del ritual
Este ritual base sirve para abrir cualquier trabajo
consciente con fuego. No es de corte ni de activación —
es de enfoque. Se utiliza cuando necesitas ordenar
intención antes de decidir, hablar o actuar.

Es el ritual de "centrar la dirección".

Cuándo realizarlo

- antes de tomar decisiones importantes
- al iniciar proceso emocional
- antes de escribir o declarar algo significativo
- cuando necesitas claridad interna
- al abrir trabajo ritual posterior

Elementos

- vela blanca
- base segura
- cerillo o encendedor
- hoja y lápiz (opcional)

Preparación

Siéntate frente a la vela apagada.
Respira lento tres veces.

Si deseas, escribe en una frase tu intención de claridad.
No resultado — dirección. Ejemplo:
"Quiero ver con honestidad."
"Quiero decidir con calma."
"Quiero comprender con verdad."

Encendido

Enciende la vela mirando la llama aparecer..
Di: "Que la claridad se encienda primero en mí."

Observa la llama 60–90 segundos.

No fuerces pensamiento. Solo presencia visual. Foco
Coloca una mano en el pecho.

Pregunta internamente:
"¿Qué es proveniente de verdad — y qué de miedo?"

No busques respuesta inmediata. Solo abre la
pregunta.

Integración

Permanece en silencio breve.

La claridad no siempre llega como frase — a veces
llega como sensación.

Cierre

Apaga la vela conscientemente.

Di: "La claridad continúa aunque la llama se cierre."

Nota consciente

La claridad no es ausencia de emoción — es dirección
dentro de la emoción.

La vela no crea la verdad.
La ilumina para que la mires.

Ritual 2
Vela de limpieza consciente y despeje interior

Intención del ritual
Este ritual con vela acompaña procesos de limpieza
emocional y mental cuando sientes saturación,
confusión o acumulación interna. No sustituye los
rituales de agua del Capítulo 1 — los complementa
desde el símbolo del fuego: iluminar y depurar
enfoque.

El fuego aquí no "quita" — revela.
Y al revelar, facilita soltar.

La limpieza con vela es útil cuando hay ruido interno,
pensamiento cargado o sensación de densidad
emocional difícil de nombrar.

Cuándo realizarlo

- cuando sientes saturación emocional
- después de días pesados
- cuando hay confusión mental
- tras ambientes tensos
- cuando necesitas reinicio simbólico
- antes de iniciar una nueva etapa

No realizar en estado de crisis intensa — regula
primero

Elementos

- vela blanca
- base resistente al calor
- papel pequeño
- lápiz
- recipiente seguro para ceniza
- vaso con agua (seguridad)

Preparación

En el papel escribe una lista breve (3–7 palabras) de lo
que sientes acumulado. No expliques — nombra:

tensión
cansancio
sobrecarga
confusión
presión
etc.

Dobla el papel.

Coloca la vela frente a ti.
Respira lento tres veces.

Encendido

Enciende la vela diciendo: "Ilumino lo que necesita
salir."

Mira la llama unos momentos.

Declaración

Sostén el papel con ambas manos (sin acercarlo al
fuego aún) y di:
"Reconozco esta carga. No la niego — no la retengo."

Coloca el papel en el recipiente seguro.

Transformación simbólica

Quema el papel de forma segura dentro del recipiente.
No lo sostengas mientras arde.

Mientras se transforma, repite: "Lo visto se ordena. Lo
ordenado se suelta."

Observa sin dramatizar.

Respiración de despeje

Exhala largo tres veces mirando la vela.
Imagina que exhalas "humo interno" simbólico.
No fuerces visualización — solo sensación.

Integración

Coloca una mano en la frente y otra en el pecho.

Di: "Hay más espacio ahora."

Respira.

Cierre

Apaga la vela conscientemente.
Desecha cenizas cuando enfríen.
Lava tus manos — gesto de reinicio.

Variaciones

Si no puedes quemar papel:
rómpelo en muchos trozos y deséchalo.

Si no puedes escribir:
nombra en voz alta.

Si la emoción es difusa:
usa una sola palabra: "carga".

Después del ritual

- evita sobre-estimulación
- no vuelvas al tema inmediatamente
- hidrátate
- mueve el cuerpo suavemente

Nota consciente

La limpieza simbólica no borra emociones — reduce
acumulación no procesada. El trabajo real continúa con
conducta y descanso.

La llama no elimina tu peso — te ayuda a no seguir
sosteniéndolo.

Ritual 3
Vela de corte consciente y límite interno

Intención del ritual
Este ritual con vela acompaña decisiones de corte interno: retirar participación emocional, cerrar implicación energética o afirmar un límite que ya fue comprendido. No es para decidir — es para confirmar simbólicamente una decisión ya tomada.

Primero se decide.
Luego se ritualiza.

El fuego aquí representa límite activo: no agresión, no rechazo — dirección. Es el gesto simbólico de decir "hasta aquí" con presencia y coherencia.

Cuándo realizarlo

- después de decidir terminar un vínculo
- al afirmar un límite firme
- cuando eliges no volver a una dinámica
- al cerrar una implicación emocional
- cuando necesitas confirmar tu decisión internamente
- después de un proceso de claridad

No realizar si aún estás dudando — usa primero ritual de claridad.

Elementos

- vela negra o blanca
- base resistente al calor
- hilo o cordón corto
- tijeras
- papel pequeño
- lápiz
- recipiente seguro
- vaso con agua (seguridad)

Preparación

En el papel escribe una frase de corte clara y breve:

"Termino mi participación en ______."
"Cierro este vínculo interno."
"No continúo esta dinámica."

Sin explicación larga — solo dirección.

Dobla el papel.

Coloca el hilo frente a la vela.

Respira lento tres veces.

Encendido

Enciende la vela diciendo:

"Confirmo el límite que elegí."

Mira la llama unos segundos.

Acto simbólico de corte

Toma el hilo y mantenlo tenso entre ambas manos.

Di:
"Lo que fue reconocido — ahora se delimita."

Corta el hilo en el centro.

Coloca ambos trozos separados — no juntos.

Declaración

Lee en voz audible la frase del papel.

Luego di:
"No corto desde el odio.
Corto desde el respeto a mi límite."

Transformación

Quema el papel en el recipiente seguro.

Mientras arde, repite:
"La decisión permanece. La duda se retira."

Integración corporal

Coloca una mano en el abdomen y otra en el pecho.
Respira profundo 5 veces.
El límite también debe sentirse en el cuerpo.

Cierre

Apaga la vela conscientemente.

Desecha restos cuando enfríen.

No vuelvas a unir los trozos de hilo — deséchalos
separados.

Variaciones

Si no tienes hilo:
usa una tira de papel para cortar.

Si no puedes usar fuego:
rompe el papel y entiérralo o deséchalo.

Si la emoción es intensa:
reduce el ritual a la declaración y corte.

Después del ritual

- evita reabrir la negociación interna ese día
- no busques validación inmediata
- protege tu límite con conducta
- descansa

Nota consciente

El ritual no crea el límite — lo refuerza. El límite real se
sostiene con decisiones repetidas después.

El fuego no impone el corte — tú lo declaras.

Ritual 4
Vela de amor propio y auto-bendición consciente

Intención del ritual
Este ritual con vela está orientado a fortalecer amor propio, auto-respeto y trato interno digno. No busca pedir amor — busca declararlo hacia ti. Es un acto de auto-bendición simbólica: reconocer tu valor y dirigir cuidado hacia tu propia vida.

No es adorarte.
Es honrarte.

La auto-bendición no es superioridad — es consentimiento interno de merecimiento.

El fuego aquí no corta ni limpia — consagra: marca algo como valioso y digno de cuidado.

Cuándo realizarlo

- cuando necesitas reforzar amor propio
- después de hablarte con dureza
- en etapas de reconstrucción de autoestima
- antes de comenzar algo importante
- en tu día personal o cumpleaños
- como práctica semanal de auto-honra

Muy adecuado en viernes (energía simbólica de amor y valor) — aunque no obligatorio.

Elementos

- vela rosada o blanca
- base resistente al calor
- aceite corporal o crema
- papel pequeño
- lápiz
- espejo opcional
- vaso con agua (seguridad)

Preparación

En el papel escribe tu nombre completo.
Debajo escribe una frase de reconocimiento, por
ejemplo:

"Es digna de amor."
"Es valiosa."
"Es suficiente hoy."
"Es merecedora de cuidado."

Coloca el papel bajo la base de la vela.

Aplica un poco de aceite o crema en tus manos —
frótalas lentamente.

Encendido

Enciende la vela diciendo:

"Dirijo amor consciente hacia mi vida."

Mira la llama unos segundos.

No pidas — declara.

Gesto de auto-bendición

Coloca tu mano derecha sobre tu pecho y la izquierda
sobre tu abdomen.

Di en voz audible:

"Me trato con respeto."
"Me hablo con dignidad."
"Me sostengo con amor."

Si usas espejo, mírate mientras lo dices.

Unción simbólica

Con el aceite o crema, toca suavemente:
frente
garganta
pecho

No como rito religioso — como gesto de
reconocimiento.

Di:

"Mi mente merece paz."
"Mi voz merece respeto."
"Mi corazón merece cuidado."

Silencio de integración

Permanece mirando la vela 1–2 minutos.

Deja que la frase se asiente en el cuerpo.

Cierre

Apaga la vela conscientemente.

Guarda el papel con tu nombre en un lugar privado
por 7 días — luego deséchalo con respeto.

Variaciones

Si no tienes aceite:
usa tus manos solamente.

Si no puedes hablar en voz alta:
declara en voz firme interna.

Si hay resistencia:
usa frases más simples: "Me acompaño."

Después del ritual

- cuida tu lenguaje interno ese día
- evita auto-crítica automática
- haz un gesto concreto de cuidado
- elige algo que te nutra

Nota consciente

El amor propio no se siente todos los días igual — pero
puede practicarse todos los días en conducta y palabra.

Bendecirte a ti misma
también es sanación activa.

Ritual 5
Vela de gratitud y cierre consciente

Intención del ritual
Este ritual con vela está orientado a cerrar procesos,
etapas o trabajos internos desde la gratitud consciente.
No es gratitud forzada ni negación de lo difícil — es
reconocimiento completo: lo que dolió, lo que enseñó,
lo que fortaleció.

Cerrar con gratitud no significa aprobar todo lo vivido.
Significa integrar sin amargura activa.

El fuego aquí representa culminación y sello simbólico.
Marca un "hasta aquí" sereno. Un cierre que no
arrastra, no persigue, no se queda abierto.

Cuándo realizarlo

- al terminar un proceso emocional
- al cerrar un ciclo personal
- después de completar rituales de limpieza o corte
- al finalizar etapas de sanación
- al terminar este libro o capítulo
- en fechas significativas de transición

Ideal hacerlo sin prisa y con disposición reflexiva.

Elementos
- vela blanca o dorada
- base resistente al calor
- papel
- lápiz
- recipiente seguro
- vaso con agua (seguridad)

Preparación

En el papel escribe tres cosas que este proceso te dejó.
No solo lo positivo — lo verdadero. Ejemplo:
aprendizaje
claridad
fortaleza
límite
dirección
verdad
conciencia

Evita escribir personas — escribe efectos internos.
Respira lento tres veces.

Encendido

Enciende la vela diciendo:
"Reconozco lo vivido — integro lo aprendido."

Observa la llama unos momentos.

Lectura consciente

Lee en voz alta lo que escribiste.

Después de cada palabra, di:
"Lo recibo."

Sin ironía. Sin exageración. Solo aceptación.

Declaración de cierre

Di:
"No todo fue fácil.
Pero no fue en vano."
Respira.

Transformación simbólica

Dobla el papel y quémalo en el recipiente seguro.

Mientras se transforma, repite: "El ciclo se integra. El ciclo se cierra."

Integración corporal

Coloca ambas manos sobre el corazón.
Respira lento cinco veces.

Permite sensación de completitud — aunque no sea perfecta.

Cierre

Apaga la vela conscientemente.
Lava tus manos — gesto de finalización.

Variaciones

Si no puedes quemar papel: rómpelo y deséchalo con intención.

Si cuesta encontrar gratitud: escribe solo aprendizaje.

Si la emoción es ambigua: usa la palabra "conciencia".

Después del ritual

- no reabras el análisis inmediato
- permite descanso
- evita volver al conflicto ese día
- haz algo suave

Nota consciente

La gratitud madura no borra el dolor — lo coloca en contexto. Integrar no es olvidar — es dejar de cargar.

Cerrar con conciencia libera energía futura.

El fuego como decisión interna

El fuego no obedece dudas. Cuando enciende, transforma. No negocia su naturaleza: ilumina o no ilumina; arde o se apaga.

Por eso el símbolo del fuego ha acompañado los actos de decisión desde tiempos antiguos.

No porque resuelva por nosotros — sino porque nos recuerda elegir con claridad.

Este capítulo no te enseñó a "hacer magia".

Te enseñó a marcar decisiones.

Cada vela encendida fue un gesto de dirección interna: claridad, limpieza, límite, amor propio, gratitud.

No para controlar resultados externos — sino para ordenar tu posición interna frente a lo que vives.

El fuego ritual no cambia la realidad por sí mismo. Cambia tu relación con la realidad cuando lo usas con conciencia.

Encender una vela con intención es decir: esto importa. Es pausar la inercia automática y convertir un momento en acto deliberado.
Es pasar de reacción a presencia. De impulso a declaración.

También es importante reconocer algo con honestidad: ninguna vela sostiene un límite si tu conducta lo contradice.

Ningún ritual mantiene un cierre si tus acciones lo reabren.

Ninguna llama protege una decisión que no practicas.

El ritual abre la puerta.
La conducta la cruza.

Por eso este capítulo insiste en un principio simple y firme: el símbolo acompaña — la responsabilidad permanece contigo. Lejos de quitar poder, eso te lo devuelve.

No dependes del ritual.
Lo utilizas.

Con práctica, notarás que no siempre necesitarás la vela física.

La imagen interna de encender claridad, cortar con firmeza o declarar amor propio podrá activarse sin objeto externo.

Ese es el signo de integración: cuando el símbolo vive dentro.

Aun así, volver al gesto físico cuando lo necesites no es retroceso — es cuidado.

Los seres humanos aprendemos también a través de los sentidos, de la vista, del calor, del ritmo.

El ritual consciente respeta esa dimensión encarnada.

Antes de cerrar este capítulo, haz un último gesto simple:

Imagina una llama pequeña en el centro de tu pecho.

No quema.
No duele.
Ilumina.

Di en silencio:

"Mi dirección es consciente."
"Mis límites son válidos."
"Mi cuidado es prioridad."

Respira.

El fuego externo se apaga.
La decisión interna permanece.

Y elegirte con claridad —
también es amor propio en acción.

El ritual no termina cuando se apaga la llama.

Continúa cuando se convierte en conducta cotidiana

Capítulo 6

Integración diaria — convertir el ritual en forma de vida

Un ritual aislado puede marcar un momento. Una práctica integrada puede transformar una vida.

Hasta ahora recorriste baños, fuego, palabra, cuerpo, símbolo. Pero el propósito de este libro no es que dependas de momentos especiales para cuidarte.

Es que aprendas a convertir la intención ritual en forma cotidiana de relación contigo.

El ritual no fue creado para escapar de la vida diaria. Fue creado para entrar en ella con conciencia.

Muchas personas viven esperando el momento perfecto para cuidarse: cuando haya tiempo, cuando haya calma, cuando pase la crisis, cuando termine la etapa difícil.

Pero el cuidado que siempre se posterga se vuelve idea — no experiencia. La integración diaria es el puente entre el gesto simbólico y la conducta real.

No necesitas repetir todos los rituales con frecuencia. Necesitas extraer su esencia y traducirla en micro-prácticas sostenibles. Pequeños actos repetidos regulan más que grandes actos esporádicos.

Este capítulo no agrega más carga.
Reduce complejidad.

El principio de micro-ritual

Un micro-ritual es un gesto breve con intención clara. No requiere preparación extensa ni elementos especiales. Requiere presencia.

Ejemplos:

respirar consciente antes de responder
lavar tus manos con pausa real
encender una vela 60 segundos
aplicar crema con atención
decir tu nombre con respeto
beber agua con intención de sostén
poner la mano en tu pecho al sentirte activada

Duración: segundos o minutos.
Impacto: acumulativo.

La repetición crea huella emocional.
Señales de que el ritual ya se está integrando

Notarás integración cuando:

te hablas con mejor tono
pausas antes de reaccionar
reconoces tu límite más rápido
necesitas menos dramatización para cerrar
te cuidas antes de colapsar
no negocias tanto tu descanso
eliges suavidad sin justificarla

Eso es ritual internalizado.

Ritmo realista de práctica

No todo ritual es diario. Propongo marco simple:

rituales de limpieza → cuando hay carga
rituales de corte → cuando hay decisión
rituales de sostén → cuando hay sensibilidad
rituales dulces → cuando hay apertura
rituales de fuego → cuando hay declaración

No por calendario — por necesidad consciente.

Pregunta guía diaria

Si solo adoptas una pregunta de este libro, que sea esta:

¿Qué necesita hoy mi sistema — limpiar, limitar,
sostener o nutrir?

Esa pregunta crea auto-escucha.

Evitar la trampa del perfeccionismo espiritual

No conviertas el ritual en exigencia nueva. No
necesitas hacerlo "perfecto", completo, estético o
profundo cada vez. El ritual no es examen. Es
encuentro.

Ritual forzado pierde efecto regulador.
Ritual simple mantiene verdad.

Integración corporal

El cuerpo aprende por repetición suave. Mantén tres gestos base:

mano en el pecho
respiración lenta
palabra amable

Ese es el ritual mínimo completo.

Declaración de integración

Lee en voz baja:

"No practico rituales para escapar de mí.
Los practico para habitarme mejor.
El cuidado no es evento — es relación."

Respira.

Cuando no tienes ganas de cuidarte

Hay días en que el cuidado fluye.
Y hay días en que no.

Días en que cualquier gesto de atención personal
parece pesado, innecesario o incluso molesto.

Días en que no quieres respirar profundo, ni escribir, ni
bañarte con intención, ni repetir frases conscientes.

Eso también es humano.

El error común es pensar:
"Si no tengo ganas, no sirve."

Pero en procesos de cuidado real, muchas veces
funciona al revés:

No siempre tienes ganas primero.
A veces el alivio viene después.

El sistema emocional no siempre pide ayuda con
claridad.

A veces se manifiesta como apatía, irritación, desgano o
desconexión.

Y en esos estados, esperar motivación perfecta retrasa
el sostén necesario.

Cuidarte no siempre se siente bonito al inicio.

A veces se siente simplemente correcto.

También es importante distinguir entre resistencia protectora y agotamiento real.

La resistencia dice: no quiero sentir.

El agotamiento dice: no puedo más. Ambos necesitan cuidado — pero distinto ritmo.

En días de resistencia, reduce el ritual — no lo elimines.
En días de agotamiento, simplifica — no te exijas.

El cuidado mínimo válido existe. Si no quieres hacer un ritual completo, haz la versión mínima:

lava tu rostro con pausa
toma agua consciente
pon tu mano en el pecho
respira tres veces lento
di una frase amable
acuéstate antes
di "no" a algo pequeño

Eso cuenta.

El perfeccionismo del cuidado también puede sabotear el cuidado.

Si crees que solo sirve el ritual completo, estético y profundo, abandonarás en los días grises. En cambio, si aceptas versiones pequeñas, mantienes continuidad.

Continuidad imperfecta regula más que intensidad esporádica.

Otra trampa común es castigarte por no cuidarte "bien".

Eso convierte el cuidado en presión — exactamente lo contrario de su propósito. Si notas que te dices: "ni siquiera puedo hacer esto bien", pausa.

Ese tono necesita el ritual — no la crítica.

Háblate así en días bajos:
"No tengo energía alta — pero no me abandono."

Eso es cuidado maduro.

También recuerda: hay etapas donde recibir cuidado externo es la práctica principal. Dormir. Comer. Pedir ayuda. No aislarte. No todo sostén es auto-sostén exclusivo.

El cuidado no es heroicidad solitaria.
Es relación — contigo y con otros.

Prueba esta escala simple en días sin ganas:

cuidado completo → si hay energía
cuidado breve → si hay poca energía
cuidado mínimo → si casi no hay energía

Pero no: cero cuidado.

Porque incluso el gesto más pequeño envía un mensaje profundo:
"Sigo aquí contigo."
Y a veces — eso es suficiente para empezar a volver.

El ritual eres tú

Llegaste hasta aquí no por curiosidad — sino por intención. No solo leíste sobre rituales: te expusiste a una forma distinta de relacionarte contigo. Más lenta. Más consciente. Más encarnada.

Y ahora es importante decir algo con claridad y suavidad:

El ritual no es el baño.
No es la vela.
No es la flor.
No es la palabra escrita.

El ritual — eres tú cuando te tratas con presencia.

Los elementos acompañan. El símbolo enfoca. El gesto marca. Pero la transformación no vive en el objeto — vive en la relación que construyes contigo a través de él.

Limpiar fue aprender a no acumular lo que pesa.
Cortar fue aprender a elegir límite.
Sostener fue aprender a acompañarte.
Endulzar fue aprender a disfrutarte.
Encender fue aprender a declarar dirección.
Integrar es aprender a continuar.

Ese es el mapa completo.

No necesitas practicar todos los rituales. Necesitas recordar el principio que los une: conciencia aplicada al cuidado.

Cada vez que pausas antes de reaccionar, estás ritualizando. Cada vez que eliges hablarte con respeto, estás ritualizando.

Cada vez que escuchas tu cuerpo antes de exigirte, estás ritualizando.

La vida cotidiana puede volverse espacio sagrado — no por solemnidad, sino por presencia.

Habrá días en que olvidarás todo esto. Días en que volverás al piloto automático, al tono duro, a la prisa, a la desconexión.

Eso no invalida el camino.

La práctica no exige perfección — exige retorno.

Volver es parte del ritual.

No conviertas este libro en regla rígida. Conviértelo en referencia viva. Adapta. Simplifica.

Repite lo que te sirve. Suelta lo que no resuena. El cuidado auténtico no se impone — se encarna.

También recuerda: el amor propio no es destino final.
No es estado permanente.

Es relación dinámica.

Hay días de cercanía y días de distancia. La práctica no
elimina la oscilación — la hace más consciente.

Si algo debe permanecer después de la última página,
que sea esto:

No tienes que romperte para transformarte.

No tienes que sufrir para merecer cuidado.

No tienes que exigirte para avanzar.

Puedes acompañarte.

Coloca ahora — por última vez — tu mano sobre el
corazón.

Respira lento.

Di en silencio: "Me llevo conmigo."

Nada más. Nada menos.

Ese es el ritual esencial.

Y siempre — puedes volver.

Más que terminar un recorrido, ahora comienzas una
práctica viva que puedes volver a elegir cada día

Epílogo

Volver a ti — cuantas veces sea necesario

Si este libro llegó a tus manos, no fue por casualidad ligera — fue por resonancia.

Algo dentro de ti reconoce que el cuidado no es lujo, que la presencia no es moda y que el amor propio no es discurso: es práctica.

Tal vez no hiciste todos los rituales.
Tal vez leíste más de lo que practicaste.
Tal vez practicaste más de lo que esperabas.

Todo es válido.

Este no es un libro para aprobar — es un libro para volver. Volver cuando estés cansada. Volver cuando estés confundida.

Volver cuando necesites sostén.
Volver cuando quieras recordarte con suavidad.

Porque el camino hacia ti no es línea recta.

Es regreso consciente.

Habrá etapas en que te sentirás conectada, clara, encendida. Y habrá etapas en que te sentirás distante de todo lo leído aquí.

No tomes esa distancia como fracaso — tómala como señal de retorno pendiente.

El cuidado real no desaparece: espera.

Nadie vive en estado de presencia perfecta.
Pero cualquiera puede regresar a presencia suficiente.

Quizá con el tiempo simplifiques todo lo aprendido en
gestos muy pequeños: una mano en el pecho, una
respiración lenta, una palabra amable, una decisión
límite, una pausa antes de exigirte.

Si eso ocurre, el libro cumplió su propósito.

Porque la meta no era que dependieras de los rituales.
Era que desarrollaras relación contigo.

También quiero decirte algo con claridad y respeto:
buscar cuidado interior no te separa del mundo — te
prepara mejor para habitarlo. No te vuelve frágil — te
vuelve consciente.

No te vuelve egoísta — te vuelve responsable de tu
energía.

Cuidarte no te aleja de los demás.
Te acerca sin perderte.

Si alguna práctica de estas páginas te dio calma,
guárdala. Si alguna no resonó contigo, suéltala sin
culpa. El cuidado auténtico no se impone — se adapta.
Tu sistema es único. Tu ritmo es válido. Tu proceso es
legítimo.

Ojalá recuerdes esto cuando más lo necesites:

No tienes que esperar a estar rota para cuidarte.
No tienes que estar perfecta para honrarte.
No tienes que entender todo para empezar a
acompañarte.

Vuelve a ti — en pequeño, en silencio, en verdad.

Cuantas veces haga falta.

Aquí no termina el camino.
Aquí se vuelve consciente.

Y cuando olvides — respira, pon tu mano en el
corazón y regresa.

Siempre puedes regresar.

Carta de la autora

Querida lectora,

Si estás leyendo estas líneas, quiero comenzar dándote las gracias. Gracias por abrir este espacio, por darte el tiempo, por permitirte explorar una forma más consciente de cuidado interior.

No tomo a la ligera tu presencia aquí.

Este libro no nació como un manual perfecto ni como un sistema rígido.

Nació como una invitación.

Una invitación a pausar, a sentir, a limpiar, a sostenerte, a hablarte con más respeto y a convertir gestos simples en actos de presencia.

No escribí estas páginas desde la idea de tener todas las respuestas, sino desde la convicción de que el cuidado consciente cambia la relación que tenemos con nosotras mismas.

He visto — en mi vida y en la de muchas mujeres — cómo pequeños actos de atención interna pueden abrir espacios de claridad, dignidad y suavidad donde antes había solo exigencia.

Quise crear un libro de rituales sin miedo y sin superstición rígida. Un libro donde el símbolo acompaña, pero no domina.

Donde la intención vale más que el objeto.

Donde el cuidado no depende de creer — sino de practicar.

Aquí no hay promesas mágicas.
Hay prácticas humanas.

Si en algún momento sentiste que un ejercicio te sostuvo, que una frase te calmó, que un gesto te devolvió al cuerpo — entonces el propósito se cumplió.

No porque el ritual "funcionó", sino porque tú estuviste presente en él.

Gracias de forma especial a mi hermana, cuya cercanía con los rituales naturales, las plantas y el cuidado simbólico fue una chispa directa para estas páginas.

Su manera de honrar lo sencillo y lo vivo me recordó que el cuidado profundo muchas veces nace de gestos pequeños y constantes.

También quiero decirte algo importante: este libro no reemplaza apoyo profesional cuando se necesita.

El cuidado ritual y el acompañamiento terapéutico no compiten — se complementan.

Pedir ayuda también es un acto de amor propio.

Deseo que uses este libro con libertad. Puedes seguir el orden o abrirlo al azar. Puedes adaptar los rituales, simplificarlos, traducirlos a tu realidad.

Nada aquí exige perfección. Todo aquí invita a relación.

Ojalá te hables más bonito después de estas páginas.
Ojalá descanses sin tanta culpa.
Ojalá pongas límites sin tanta explicación.
Ojalá te disfrutes sin tanta defensa.

Y si un día te olvidas de todo — vuelve a lo esencial:
respira
toca tu pecho
háblate con respeto

Ahí empieza y vuelve a empezar el cuidado real.

Gracias por permitirme acompañarte en este tramo del camino.

Con respeto y cercanía,

Elvira Sombra

SOBRE LA AUTORA

Elvira Sombra es escritora y oficiante de matrimonios, reconocida por acompañar ceremonias centradas en la intención, la palabra consciente y el significado emocional.
Su trabajo se enfoca en crear espacios donde el vínculo, la presencia y el compromiso adquieren profundidad y claridad.

A través de su escritura, desarrolla libros de reflexión y práctica interior enfocados en amor propio, sanación emocional y manifestación consciente.

Sus textos integran sensibilidad, estructura y ejercicios aplicables, ofreciendo herramientas accesibles para quienes buscan reconectar consigo mismos desde un lugar real y sostenido.

Su experiencia guiando ceremonias le ha permitido acompañar procesos de amor, cierre y renovación, elementos que también atraviesan su obra escrita.

Este libro forma parte de su línea dedicada a convertir el cuidado consciente en una práctica viva.

www.ingramcontent.com/pod-product-compliance
Lightning Source LLC
Chambersburg PA
CBHW031019160726
47991CB00005B/1785